人生を好転させる

# 神綾鑑定術

すべては「数字」で決められている



薮みずき

みらいパブリッシング

まえがき

『占い』を体験したことってありますか？

または、雑誌とかの占い特集は、自然に読んでしまいます？

多くの方は『もちろん！　あります！』でしょうか。

私の、占い初体験、正確には対面鑑定は、中国のド田舎の汕頭《スワトウ》村でした。20代前半の頃、アパレル業界に勤めていた最初の出張先での体験！

当時は香港から船に乗って、ドンブラコと半日かけて中国本土に渡ったものです。想像もつかないくらいド田舎の環境にビックリ！　そして仕事での空いた時間に、偶然出会ったヨボヨボの爺さんが実は鑑定師だったのです！　で早速、その流れで鑑定していただくことになりました。

方言なまりの中国語のメッセージは、なんとも言えない独特の空気感で緊張して舞い上がってしまいました。

そしてこの体験がもとで、日本に帰った私は目に見えない精神世界に関することに夢中になっていきました。

すると、どうでしょう。やはり想いは叶う？

絶妙なるタイミングと、不思議なご縁、というめぐりあわせにより、この易学、「神綾鑑定術」に出会ったのです。

あとはもうまっしぐらの猪突猛進！　この学問を学ぶことになったのです。


あれから30年以上経った今も、世の中の表に出さずに秘伝として、なおかつ伝承という形で語られてきた幻の占術「神綾鑑定術」。

この貴重な占術を必要としている方がいるかもしれない。それを鑑定として、または占術法としてお伝えするのが、私の役目なのかもと徐々に強く思うようになりました。するると、導かれるように、これまたご縁で出版という運びとなったのです。


詳しくは本文に譲るとして、先ずは各章の内容について簡単にご紹介しましょう。

まず、『第一章』は、この占術の成り立ち、数字の原理のお話になります。いきなりだと難しく感じるかと思います。鑑定とかに興味がある方、または鑑定について直ぐに知りたい方は、『第二章』の「自分と未来を知るための三つの要素」からお読みになってもある程度は理解できるようになっています。

『第三章』は実際に具体的な人生のステージでの流れを紐解いています。そして『第四章』は気になる相性をタイプ別に説明しています。

『第五章』はそれぞれの数字の運氣アップの極意をシンプルに分かりやすく説明していま

す。誰もがお読みになれば、なるほどと納得し、これなら自分の生活に取り組めそうだと思う内容になっています。

そして『第六章』は、この神綾鑑定術の神髄である究極の鑑定法、「生きている」鑑定方法の初級の一部をご紹介しています。たった今のこの瞬間が分かってしまう！　画期的な計算法です。

最後は、歴史上の人物の鑑定！　今話題の人物でこの鑑定を試してみると、衝撃的な事実が判明します。味わいのあるイラストで分かりやすく表現しています。

この占術は実はシンプルなものです。これなら自分にもできそうと思う方法です。しかもワクワク楽しく取り組めます。

人生好転するか？　ということですが、それは保証付きです。ともかく先ずは基本となる、ご自分の人生タイムステージ表を知れば、さまざまな効果が表れてくるでしょう。運氣がどんどん上がってきます。しかも人生について、関わる人々について、幸せについて、強みについて、日々実感することもできるでしょう。

宇宙間の数字の働きは、私たち生ける者の手助けをしてくれています。自分の天命を素直に生きていくことこそが、実は幸せへの道しるべ。

では、本書を常に身近に持ち運び、運氣アップの波を自らの数字で引き寄せてくださいませ。

# 目次

第四章
## 数字が教えてくれる『あの人との相性』……81



第五章
## 運氣の上がる数字を知って活用する……105

第六章

## 『流動型鑑定』は生きている！

装　幀　堀川さゆり
コミック　相澤　亮

# 第一章
# 宇宙が綾織りなす
# 神綾鑑定術とは

神綾鑑定術……あまり聞きなれていない、初めてお聞きになる方もいらっしゃると思います。そうですよね。今まであまり世の中にでていない占術なのですから。

今回初めて本の形で世にでる鑑定術！

では、どういった占術なのでしょう!?

日本では、古代先哲の易学、西洋占星術、タロットカード、数秘術、人相手相、姓名判断、スピリチャル系ではリーディング等々……ありとあらゆる占術、学問が存在しています。

こんなにたくさんあれば、鑑定を依頼するにしても、どれが適しているのか？ また自分に合っているのか？ 迷ってしまう方も多いと思います。さらに、目的によって占術も使い分ける必要がでてくるでしょう。


では『神綾鑑定術』とはどのようなものでしょう？

『神綾鑑定術』は、今から約百年前に編出されたもので、その頃占いに使用されていたさまざまな理論（木火土金水の五行、十二支、十干、九星術気学など）を総合した、画期的な占術です。

多くの経験を踏まえて、それぞれの占術のさまざまな特徴が検討され、そのうえで導き出された法則、それがこの占術です。したがってこの占術は摩訶不思議な妄想ではなく、経験と法則を生かした、いわば、科学的な占術です。

しかし、この占術は秘術であり、口伝という形でしか伝承されてきませんでした。そのため、現在これを伝えられる人は数人しかおらず、幻の占術になろうとしています。

それならばと、この貴重な占術を、現在の生活に生かし、次世代へ伝えていきたいと思い至ったのです。

この占術には『古事記』などにでてくる日本の神様が登場します。神綾鑑定術の法則をきわめていくと、日本の神様の働きとこの法則が自然に一致します。私たちのまわりには、神社とかお寺がたくさんあり、初詣など、あたりまえのように参詣しています。

ところが、日頃なにげなく拝んでいる神様たちと、私たちの人生を貫く法則は深い関係があり、その神様たちが知らぬ間に私たちを導いてくれている、と説いているのです。

ここでは、身近で、それでいてとても深いつながりがある神様との関係も楽しくご紹介します。

## 伝承されてきた『神綾鑑定術』の根本とは

「かみ」の「あや」の「かんていじゅつ」と書いて「神綾鑑定術」。

「綾」というのは、絹織物のことで、現代のシルク生地にあたります。

縦糸と横糸が交互に織り出して作られていき、織りあげると艶やかな一枚のシルク生地ができあがってきます。この「綾織」に重ね合わせて、神綾鑑定術という学問が編出されました。

神綾鑑定術では、縦糸を「神の教え導き」とし、横糸を「人間の日々の生活」にたとえて表現しています。

神様の働きは、縦糸として、自然界やあらゆる人間社会に形として表われ、横糸の「日々の生活」に織り込まれることで、一枚の「運命というシルク生地」が生まれてくるのです。

神綾鑑定術は、綾織りなす考えをもとにして、目に見えない「神の教え導き」を解読、見抜き、人間の言葉に置き換えていきます。
そして今この瞬間に必要なメッセージをお伝えし、多くの人が豊かに生きることに貢献しています。

## 神綾鑑定術が見きわめた世界の成り立ちとは

すべてのものの始まりは、混沌として何も区別のつかない状態でした。この状態から光に満ちた明るい澄んだ氣、すなわち『陽』が上昇し、暗く濁った氣、すなわち『陰』が下降し、二つが調和しつつ天地のあらゆるものが生まれます。（注）

この働きをつかさどるのが天神（別格神）であり、その意思が天意です。天意にそってあらゆるものが形を持ち、動くようになりますが、この『あらゆるもの』はとても多く、そのため、多くの神様が登場してそれぞれの形を担当します。

『八百万神』（多くの神々、という意味）です。八百万の神は地神と呼ばれ、その働きが縦糸、「神の教えの導き」にあたります。

天神は、混沌としたものから、ありとあらゆるものを生み出し、そのあらゆるものは、地神の働きによって動いている、これが本来の姿だと考えられます。

人間の身体の中にも、天意を生かした地神の働きが備わっています。人間は、地神の働きに素直に向き合い、天意を成しとげることにより、本来の豊かな生活を送ることができ、世の中の調和を保っていきます。

生まれてきた以上、自身の存在と分を守れば良いのですが、身の程すぎた働き、欲望にとらわれて自己中になると、他の調和まで乱し、災いを招くことになります。なぜなら、調和が乱れると天意を表わすことが、むずかしくなるからです。

自身にふさわしいポジションで素直に生きていくことで、幸せへとつながっていきます。心の持ちよう次第で、人生が変わってくるのです。心の底から湧いてくる正しい想い、直感に素直に従っていると、ある程度見通しがたってきます。その結果、自然に天意を果たすことができるのです。私たちの身体の奥底に、すでに天意が含まれているからです。

しかし、私たちは、目先のことにとらわれて、自分自身の本来のあり方、未来、過去がはっきり分かりません。私たちは天意とかけ離れた、あまりに多くのものに取り囲まれています。その状況の中では初めから天意が分かることは難しいでしょう。

初めから分かっている、ということは、逆に分かっている、ということに心がとらわれて、天意の妨げになり、かえって調和を乱すことになりかねません。

あくまでも、自然体で生活を営むことが大事です。

（注）神綾鑑定術では、あらゆるものは、陰と陽が極まって誕生し、火風水の三原素によって生命を宿します。三原素のどれが欠けても生きていけません。生命は三原素から、栄養素を吸収し、活用し、動き出します。

## 宇宙数の発見

ところで、神綾鑑定術を編出するために、神の働きを見つめ続けているうち、それぞれの神は1から0の数字によって表現し、分類できる特徴があることが分かりました。

神の特徴に応じた1から0の数字があり、それぞれの神のあり方が数字で表現されるのです。

この数字は、結局、天意を表していることになりますので、宇宙数と呼ばれています。

あらゆる生命活動は神の働きであり、それは宇宙数の1～0で表すことができる、では逆に、宇宙数を読み込むことで、あらゆる現象、あり方、天意が解明できるのではないか……神綾鑑定術はこうして誕生しました。

# 天神『別格神』と地神、宇宙数

## 天神

陰と陽、さらにそれを統一して、宇宙を創造した神は『造化三神』と呼ばれます。

★天之御中主神（宇宙を統一）アメノミナカヌシノカミ

★高皇産霊神（陽）タカミムスビノカミ

★神皇産霊神（陰）カミムスビノカミ

さらに

★宇麻志阿斯訶備比古遅神（地の神）ウマシアシカビヒコジノカミ

★天常立神アメノトコタチノカミ

以上の五神を別格の神と呼び、この神の意志により、宇宙の根源が生成されました。

# 宇宙数『1から0』の神様

天神のうち、天之御中主神（アメノミナカヌシノカミ）の意志と、地の神・宇麻志阿斯訶備比古遅神（ウマシアシカビヒコジノカミ）の支えにより、宇宙数が導き出され、それぞれの数に応じた働きを、以下の神がつかさどります。

1の数：高皇産霊神タカミムスビノカミ・神皇産霊神カミムスビノカミ
2の数：天常立神アメノトコタチノカミ
3の数：角杙神ツノグヒノカミ・生杙神イクグヒノカミ
4の数：国常立神クニトコタチノカミ
5の数：意富斗能地神オホトノジノカミ・大斗乃弁神オオトノベノカミ
6の数：国狭槌神クニノサズチノカミ・国狭霧神クニノサギリノカミ
7の数：淤母陀琉神オモダルノカミ・阿夜訶志古泥神アヤカシコネノカミ
8の数：豊雲野神トヨクモノカミ
9の数：泥土煮神ウヒヂニノカミ・沙土煮神スヒヂニノカミ
0の数：伊弉諾神イザナギノカミ・伊弉冉神イザナミノカミ

## 宇宙数『1から0』の心相について

心相とは……宇宙数から導き出される内なる性質、情報といった意味です。

### 1の心相【動】~始めの神~

『1の数をつかさどる神：高皇産霊神タカミムスビノカミ（陽）・神皇産霊神カミムスビノカミ（陰）』

宇宙の法則に従い、陰陽極まって草木の種が誕生します。種を土にまき、たっぷり水をあげます。すると土の中で種が柔らかくなり、どんどん膨れあがって動いていきます。まず根がはり、そして芽が上へと、自然に動いて出ていきます。土の上に障害物があっても、ヒョイヒョイと押しのけて伸びていきます。

つまり常に動き、たくましく自力で生長していくのです。『1』の宇宙数はこのような神様の働きに対応しています。

**『1の数・心相編』**

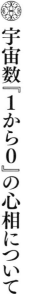

『1』の数を持った人は、造化三神の働きの影響を受けるため、じっとしていることができず、必ず目的に向かって動きだします。

独立心が旺盛で創造力に優れていて、人の上に立つ人、発明、発見をする人が多いのが特徴です。

ちなみに、人＋動く＝働⇒働き者となり、体もマメに動きます。

自身の使命を認識し、社会に貢献することで神意を成しとげ、次の世代の足掛かりとなる存在になるでしょう。社会を発展させる道にそって生きていけば、成功します。

ところが『1』の数は、強情で人に頭を下げるのが苦手で反省の心が少ない。そのため友達ができにくいのです。他人をあてにしても、最後は期待外れに終わり、頑固で自分の「カラ」に閉じこもりやすく、結果、孤独になるのです。

これを好転させるには、指導者、リーダー的存在になり、一つの目的に向かって周りを引っぱっていく立場になることが大事です。

外に出よう、出ようとするこのタイプは、実家で親と同居することができず、親元から離れたいと思ってしまいます。そしてたとえ長男、長女であっても家から出る運命になっています。

また、自分の子供に『1』の数を持った人は、一人暮らしをさせるとか、早々に独立させた方が良い結果が出るでしょう。もし、何らかの事情で同居している場合でも、本人は早く出たいと願っている場合が多いのです。

親許から離れたり、親しい友人に恵まれないことで嘆き悲しまないことです。孤独を大いに生かし楽しんで、人の先達者となることで幸せとなります。


**2の心相【感】～決別の神～**


『2の数をつかさどる神：天常立神アメノトコタチノカミ』

世の中をはっきり区別していき、別れる瞬間の働きをします。草木でたとえるなら、出た芽が双葉になる瞬間です。


**『2の数・心相編』**

泥水のごとく区別がなく、ドロドロとした宇宙の始まりの状態から、天と地が生まれてきました。その間にお立ちになった神がアメノトコタチノカミです。

たとえば、泥水のカップをよく振って放置しておくと、自然に泥水が下側、澄んだ水が上側に分かれていきます。その分かれる瞬間の役目です。

人間でたとえるなら母親から赤ちゃんが生まれる瞬間です。お腹の中で一緒だったのが別れる瞬間です。赤ちゃんは、生まれ出た瞬間、鼻、喉、肺で世界を感じて、途端に勢いよく泣き始めます。つまり感受性がすごく鋭いのです。

したがって『2』の数は、周囲の物事に非常に敏感で、几帳面となります。しかし何事も区別をしないと気がすまず、区別をする際に情が入らないので、おのずと薄情になっていきます。そして、善悪にかかわらず好き嫌いが激しくなっていきます。一度嫌いだと思ったら、相手にどうしても同意ができず、離れたくなり、憎しみがどんどん増してきます。外面は柔和に見えますが、実は超神経質なのです。ゆえに『2』の数は、データー管理、精密な設計図の作成、きめ細かなフォローが必要なポジションで、その役割を生かせるでしょう。

『1』と同様、『2』も孤独の要素が含まれています。が、少々意味合いが違います。感情の要素が強いのです。『2』は感情的になった結果、相手と別れることを選んでしまうので孤独になってしまいます。または、ついついカッとヒステリーを起こし感情的な態度をとることで、相手は傷つき離れていってしまう。つまり感情のコントロールが『2』の課題なのです。

また性格的に協調性がなく、人と一緒に暮らしにくいタイプです。生まれ故郷、実家にいつまでも居ることができず、出ていってしまう運命になります。

もしかして思いあたる節、ありますか？

## 3の心相【慾】～生産の神～

『3の数をつかさどる神：角杙神ツノグヒノカミ（陽）・生杙神イクグヒノカミ（陰）』

この『3』の神によって、天神が形となって定まってきます。そして、天地の間に現象界がスタートします。現象界とは、感覚によって経験できる世界です。

植物にたとえると、草木のパカっと分かれた双葉の間から、チョコっと角のような小さい葉が出てきた状態です。

天神の働きは、いわば父で、万物を生かす神。草木でたとえると種にあたりますが、これを受けた『3』の地神の働きは母。生産と生命力の働きをになって種を育てていきます。

## 『3の数・心相編』

『3』の数を持った人は、辛抱強く、落着いて怒ることも少なく、穏やかです。加えて仕事の連絡、コミュニケーション能力が優れています。

しかし何とかしようと、必死で物事にかじりつくので、欲深くみられます。また貯めよう、増やそうという執着心が非常に強く、物事を楽しめず偏屈になりがちです。

したがって良い方向に進めば、生産、増産に力を注ぎ、うまく世渡りをし、商売人に向きます。物を動かし、建設していくタイプで、そのための苦労をいといません。

人間でたとえるなら、夫婦の間に子供が生まれ、初めて家庭という環境が定まっていく頃に相当します。『3』の数字を持つと、子のために欲が出て、今以上になろうとせっせと貯蓄をはじめ、孫の代のことまで心配します。

そうしているうちに、ものごとに執着し頑固になっていきます。自身は全くわからず、気が付きませんが、他人から見ると「貯蓄ばかりして、一体何を楽しみに生きているのだろうか？」と理解に苦しみます。

『3』を持った人は、長男、長女、またその役目を受け持つタイプが多いです。自身が次男、次女でも、親の面倒を全面的にみたり、兄弟の片腕となったり養子にいったりと、責任の重い立場になっていきます。

## ～4の心相【覚】～光と国土の神～

『4の数をつかさどる神：国常立神クニトコタチノカミ』

『4』の神により、暗黒の世界に光がもたらされ、現象界は向上し、発展していきます。夜の闇に光が射します。夜明けです。季節は春に相当し、草木は活動的になり、枝葉が繁茂し、自由に心のおもむくままに競い合って伸びようとします。そして徐々に落着いていきます。

## 『4の数・心相編』

『4』を持った人は、草木が思いっきり伸びるように、両手を上に伸ばしてサンサンと光を浴びる感じで、非常に気持ちが明るく活発です。しかも向上心が強く、自由気ままに活動し、好奇心旺盛です。今まで停滞していた事業や、新しい企画にたずさわっていくことに非常に適しています。また覚えが早いので、一つのことに集中した場合は、発展し伸びていきます。

とはいえ、気ままで、落着くことができません。次から次へと計画を変えていくため、一つのものを完成にまで貫けず、途中で飽きてしまいます。競争心と、嫉妬心が深いため、他人のやることは何にでも手を出したがります。ジッとおとなしく見ていることができず、お節介をやき、何でも一気にやってしまおうとします。しかし、安易に取り組んでしまうので、慌てることが多く、そのため失敗を招きます。またガサガサと、落着きがなく、自分だけで満足できないので、相手に分かってもらおうと、ぺらぺらお喋りになり、周りの人を自分のペースに巻き込んでしまいます。

周りの人とは、誰とでも気軽に話しますが、広く浅い付き合いになってしまいがちです。また執着心も方便もないので、商売人には不向きです。

とはいえ、『4』の数は、新規事業、新企画等のポジションにつくと、鋭い直感を生かすことができます。

## 5の心相【思】～統一の神～

『5の数をつかさどる神：意富斗能地神オホトノジノカミ（陽）・大斗乃弁神オオトノベノカミ（陰）』

草木が明るく活発に繁茂した後、やがて静かに落着きます。調和を保ちながら調整して整頓し、世の中を鎮める役目をしています。

### 『5の数・心相編』

『5』の数を持った人は、とても注意深く、親切で人情深いです。他人に依頼されたことは一生懸命にやり、丸くおさめようと努力します。いわば潤滑油的存在で、周りを和ませる特有の雰囲気を持ち合わせています。

一方とても心配性で、人の世話をやき、口うるさく注意するので、うるさがられることもあります。あまりにも物事に心をくだき過ぎるので、実行するまでに時間がかかり、おしりが重い状態となります。

また気が小さいところもあり、自分でやろうと思っていたことを、他人がやり始めたり、途中で横取りされても、心の中で悶々としながら自分を主張できないでいます。頼まれない限りは、自分から行動を起こすことができず、ますます悶々とします。

## 6の心相【案】～美と生殖の神～

『6の数をつかさどる神：国狭槌神クニノサズチノカミ・国狭霧神クニノサギリノカミ』

天地が潤い、美しさと栄養を与えられ、落着いた現象界になっていきます。

季節では初夏に相当し、草木は土中から水分を吸収し、空中の霧によって全てが瑞々しく美しい花を咲かせていきます。

### 『6の数・心相編』

人間でたとえれば、結婚適齢期の頃で、男女共に一番美しく輝いている時期にあたります。お互いに心を通わせるようになり、自然に結ばれていきます。男女は美しく成人し、お互いを意識し、相手を求めるようになっていきます。

『6』の数を持った人は、総じて美しいものに人一倍心を惹かれます。また身を飾り、相手の気を引こうと誘ったり、媚びたり、艶めいたりしていきます。

男性で『6』の数を持った人は、子孫を残そうとする作用が強いので、つい浮気をして家庭の不和を招いてしまいます。女性で『6』の数ある人は、男性の浮気で苦労し、魔がさせば自分までも横道にそれ、妻子ある男性と不倫に走ってしまう傾向があります。

浮気心は相手を傷つけることにもなりかねません。上辺だけの美しさや優しさに心を惹かれ、周りが見えなくなり、男女とも、問題を起こしてしまいます。

要するに『6』の数は、モテ苦労も多いですが、周りから愛される徳を自然に備えており、ある意味なんとも羨ましいかぎりです。

## 7の心相【決】～決断の神

『7の数をつかさどる神：淤母陀琉神オモダルノカミ・阿夜訶志古泥神アヤカシコネノカミ』

充実させる働き、決断を与える役目です。季節は初秋に入り、草木は親木から断たれ切り取られます。人間でいうと、子離れ、親離れの時期です。

周囲の環境がどのようなものであっても、次の世代のために子供を親許から離れさせ、独立させる働きをします。自信を持って離別させるので、非常に勝気です。そして離れた子供は次の世代の役に立っていきます。

## 『7の数・心相編』

『7』を持った人は、自分だけでなく、次の世代まで役に立つ要素を充分に持っているのでとても能力があり、賢い人、頭が良い人が多いです。また、会社組織ではトップになります。ボスになれば、金銭や損得にかかわらず相手を助けますが、見切りをつけるのも早いです。

女性でいうと姉御肌タイプで、部下を愛し、救い、頼れる先輩的なイメージです。

『7』はけじめをはっきりとつけ、短気で気が勝ります。自信過剰で、その場で早々に決着をつけてしまいます。しかし、あまりに決断が速すぎて、失敗することも多いのです。短気で、今までの苦労を無にしても、簡単に相手と決別して放り出すといった形にもなりやすいのです。環境、状況にかかわらず、即決してしまうのです。

では、とにかく気が（早い）短い『1』と『7』は、どう違うのでしょうか。

『1』の「気短」は目標がありますが、『7』の「気短」は目標が全くなく、勢いのみで行動してしまいます。そのため住所も転々と移り、引越しが多く、職業もよく変わります。

このような気質を生かすには、全てにおいて、ポジションのトップ、リーダー的な存在になることです。

## 8の心相【貫】～幸福の神、実りの神～

『8の数をつかさどる神：豊雲野神トヨクモノカミ』

夢と実りの働きをします。

季節は秋に移り、草木の全てが実り、最後の収穫となります。最盛期で、幸福を味わいますが、それはつかの間で、頂点に立った寂しさをたたえています。全てが完成し、生命の活動は最後を迎えます。

## 『8の数・心相編』

オシャレでセンスも抜群、陽気で賑やかなことを好む性格です。また、物腰やわらかく、素直でやさしく社交性に富んでいます。優れた才智があり、機敏で能弁、先輩や年長者にも愛されて、出世の機会が多いでしょう。

しかし、『8』の数の幸福は、永久に続くことはなく、下り坂が待ち構えているつかの間のものです。幸せに甘んじるため怠け者になりやすく、他力によって成功しようと欲するため、ヤマッ気が強く、空想に走りやすくなります。

また、自分を良く見せようと八方美人になり、意気旺盛なために猛進しすぎで空回りを招いてしまいがちです。

『8』の数が出る時は、幸せな反面、土俵際で最後にうっちゃりを打たれたり、思惑や噂だけで動いてしまいます。幸せは「つかの間の幸福」なので危険です。しかし一方では、最後の「実り」でもあり、金運にご縁があります。

『8』の得意技である、口、手、足を活発に生かしながら、幸せに甘んじることなく自分に厳しくすることで、バランスがとれるでしょう。

## 9の心相【乱】～混沌の神～

『9の数をつかさどる神：泥土煮神ウヒヂニノカミ・沙土煮神スヒヂニノカミ』

水（雨）と土（泥や砂）の働きで、枯れた草木を肥料にし、発酵させていきます。

実りも終わり、草木は水と土に還ります。元の世界、無の世界に還っていきますので、全てが腐っていきます。いわゆる次の世界の栄養分、肥料となる貴重な存在へと変わっていきます。

### 『9の数・心相編』

心相は「乱れる」と表現するくらい、姿はみすぼらしく、汚く散乱しています。人から嫌がられる姿、形はしていますが、ヤケを起こさず、モクモクと働いていて、この人ほど世の中に役に立ち栄養分を与えている人はいません。

姿は見苦しいですが、粘りがあり、すごい底力を持っているので評価されます。一般に縁の下の力持ちといわれます。

気位高く、高尚なことを好み、物事に動じない、冷静寛容な性質です。表面は軟弱のようでも、内心はすこぶる強く勇ましい気性です。

『9』の心相までくると、「良すぎて悪い」くらい高尚になってしまいます。長所を失わないためにも、猛進せず、強情、高慢を慎むことでバランスがとれるでしょう。

『9』の数の人は、人一倍の苦労人です。コツコツ働くことに価値を見出します。

## 0の心相【忘】～締めくくりの神～

『0の数をつかさどる神:伊弉諾神イザナギノカミ（陽)・伊弉冉神イザナミノカミ（陰)』

全ての働きが混沌としていて、すっかり影が潜み、次の時代の準備をしていきます。季節は冬になり、草木は土となりました。

見た目は寂しく冷たいのですが、冬篭りによって内容は充実し、春の活動期が来るのを待ちかまえている状態です。

### 『0の数・心相編』

心身ともに、優しく真面目で、先輩、年長者の引立てを受け、幸せな地位に達することができる人です。

人情深く、特に友人、兄弟に対する情は濃厚です。自分が不利になっても人情を重視し、たとえ食べ物がなくても友達に分けてあげるという愛情の持主です。反面、寛大すぎで、優柔不断、決断力に乏しく、諦めが悪いです。

また、即決ができないため、往々にして最良のチャンスも逃してしまいがちです。しかも不都合なことになれば、感情にも走りやすくなってしまいます。

青年時代は苦労も多いですが、中年以降はゆったり幸せな時間を持つことができます。
『0』は『1』から受け継いだ創造の種を、素直に育てる器です。
その器から、草木が、そして宇宙間に存在するありとあらゆる物が、縦に横につながっていき、無限に生命が誕生していきます。

**宇宙数『1から0』の要点**

~1の要点~
長所……活動的でテキパキと、気位高く、思慮深く、人の上に立ち、社会に貢献。
短所……負けず嫌いで強情。他者と争い、盾突き、反省心に欠ける。

~2の要点~
長所……気が良く回り、清潔、几帳面で如才がない。
短所……善悪にかかわらず好き嫌いが激しく、何事も区別しないと気がすまない。

~3の要点~
長所……辛抱強く落着いて、信念を持ちながらも、付き合い上手。

短所……惜しい、欲しいと意地をはる。頑固者でひがみっぽい。


～4の要点～

長所……天真爛漫、直感力が鋭く、目から鼻へと機敏に動く。博学多識で話題が豊富。

短所……競争心と嫉妬心から他者に節介をやく。一人で一気に走り、途中で投げ出す。飽き性。


～5の要点～

長所……注意深くて、親切で、人情人柄温厚。ふるまいも静か。

短所……心配性で消極的、慎重すぎて心中悶々とする。気が小さくて事が運ばない。


～6の要点～

長所……義理堅く、人徳ある。邪気邪心なし。

短所……派手好み、誘惑、移り気。色情により、道ならぬ恋に要注意。


～7の要点～

長所……情が深く、損得なしの勇気がある。決断力に優れた姉御肌。

短所……自信過剰で他者に対してトゲがある。敵が多い。気変わりも多い。


～8の要点～

長所……意気旺盛、能弁、敏捷、社交性に富む。金運もあり、八面六臂で向かうところ敵なし。

短所……追従軽薄、移り気。嘘で口数が多くなる。つかの間の幸せであることを肝に銘じること。


～9の要点～

長所……粘り強く、底力がある。物に動ぜず冷静で、人に優しく情が深い。

短所……口うるさくてやけっぱち。諦めがつかず、苦労性、見栄っ張りが命取り。


～0の要点～

長所……心優しく正直で、大らかな器量を持ち合わせ、先輩、年長者の引立て受ける。

短所……やりっぱなしでチャンスを逃し、間抜けな行動が他者に筒抜け。自分勝手のわからず屋。

# 鑑定方法とは～見方と解釈の仕方～

神綾鑑定術の基本は、「流動型」と「固定型」の二通りの占法を使い分けながら読み解いていきます。二通りの占法は視点を異にしており、さまざまな角度から深堀しながら、それぞれのケースに合った占法で鑑定していきます。

## 『流動型鑑定』～瞬時に吉凶、可否の回答可能～

占う対象の方の生年月日から数え年を割り出し、計算し、相談の内容にそって質問しながら読み解いていきます。占う瞬間の正確な日時を踏まえます。

占う瞬間を踏まえるという点では、西洋占星術のホラリー等（占う瞬間でチャートを作る占い）と共通しています。ホラリーの特徴は、占う方に応じてハウス（エネルギーが発揮される分野や場所）が流動的になる点で、「YES」か「NO」とか、「いつ」「どこで」ということが明確に浮き彫りになることです。

一方、神綾鑑定術は、自分のことはもちろん、思い付いたこと、見たり聞いたりした経験をどう思ったか、といった細かいことも占いに反映できる点です。

占った結果、何をすべきかを瞬時に知ることができ、間違った選択を避けることが可能になります。占いの結果は多様な事柄に広く利用されます。

なお、質問を聞いた時間ではなく、占おうと思った（占う作業にはいる）時間が非常に重要です。この時間は一分一秒までを厳密に計測します。

秒の範囲によっても答えが左右されるので、電波時計など精密なもので時間をチェックしていきます。

## 『固定型鑑定』〜一代（一生）の運勢を運命数から読み解く鑑定〜

神綾鑑定術の基本の数式（年代表）をもとに、三つの要素数で読み解いていきます。（詳しくは、第二章で解説します）

★第一要素の数：～中心軸数（リング数）～

生年月日の、月の数と日の数を、第二章でお話しする要領で計算し、割り出します。この数字は、自身のコアな部分を読み解く際、重要になってきます。

★第二要素の数：～タイムステージ数～

生年を起点にして、初年、中年、晩年の時期に該当する数字です。神綾鑑定術の基本の数式（年代表）をご覧いただいて、ご自分の年齢に該当した数字を割り出します。この数は固定しており、自身の運勢の流れを読み取ることが可能です。生まれた環境、どこへ向かおうとしているのか、年代別の『人生のタイムステージ』を把握できます。次に述べる全ての年代を含む一代の『オーラ数』もこの表で確認できます。自分の立ち位置、本当の「個性」を読み解くことで、新たな発見、自身の可能性を見つけ出すことができます。

★第三要素の数：～オーラ数～

年代表の最後の四桁目の数＝オーラ数です。人生全体にその数が影響し、かつ守護数となっています。

第二章

# 自分と未来を知るための三つの要素

# 第一要素の数～中心軸数（リング数）～

## 中心軸数『私だけのリング数』の意味とは

この数は一生変わらない、自身のコアで重要な部分です。環境が変わろうと、名前が変わろうと、体形が変わろうと、外見を着飾っても、整形（？）しても変わらない部分です。そしてさまざまなシーンに影響を与えます。

では中心軸とは、どういったことでしょう。身体でたとえると、中心から氣があらゆる部分につながっていくイメージです。

身体の中心、おへその下から五㎝位のところを丹田といいます。丹田から地球の中心に向かって、一筋の氣を流してみましょう。（丹田から地球の中心に向かって、気持ちを集中させ、流れをイメージして氣を流していく、という感じです）。すると足の裏全体がしっかり地に着き、たとえぐらついてもすぐに立ち直れる状態になっていきます。

すなわち常に氣が地球と一体になって、体の中心に流れている状態になっています。

この丹田と地球とのエネルギー交流を、第一要素「中心軸」が担当していると想定しています。

この中心軸は人によりさまざまな特徴を持っていますが、その特徴は中心軸数という数字で表現することができます。そして中心軸数のそれぞれの数字が第一章で述べた1〜0に該当します。

すなわち、宇宙数です。

この数は、常に一番身近な存在で、それぞれの人の生年月日から割り出すことができます。

## 中心軸数『私だけのリング数』の出し方

まず、あなたの生まれた月日を書いてみましょう。

〈例一〉1月9日生まれの方

$$\begin{array}{r} 1 \\ +\ \ 9 \\ \hline 10 \end{array}$$

（右側の数が0となる）

リング数は右側の数字を並べて、1・9・0三桁の数となります。

〈例二〉2月20日生まれの方

$$\begin{array}{r} 2 \\ +\ 20 \\ \hline 22 \end{array}$$

（右側の数が0となる）

リング数は右側の数字を並べて、2・0・2三桁の数となります。

〈例三〉3月25日生まれの方

$$\begin{array}{r} 3 \\ +\ 25 \\ \hline 28 \end{array}$$

（右側の数が0となる）

リング数は右側の数字を並べて、3・5・8三桁の数となります

〈例四〉11月18日生まれの方

$$\begin{array}{r} 11 \\ +\ 18 \\ \hline 29 \end{array}$$

（右側の数が0となる）

リング数は右側の数字を並べて、1・8・9三桁の数となります。

## Key Number!　本来の自分を知る

三桁のリング数は分かりましたか？　この数がどのような役割と性質を持っているのか、把握しておきましょう。まず、影響力が大きいのは最初（一番左）の月の数字！　この月数がKey Numberとなっていきます。そして二つ目の数が内面の性質を左右する数となります。

一つ目の数字であなたの本来の性格、内面がわかり、二つ目の数字がこれに影響を与えているのです。

さらに、三桁の最後の数は、一つ目の数字と二つ目の数字が混ぜ合わさった状態を数字で表したものになります。

まずは、この数字であなたが持っている本来の姿を確認しましょう。

しかし、あとで述べますが、この数字だけですべてが決定するわけではありません。その時々の状況によって左右されます。

たとえば絵の具のカラーチューブをパレットの上に出した時、最初はそれぞれの色がはっきり分かりますが、混ぜ合わせていくと、徐々に色が変わっていきますよね。

同色の場合は変わりませんが、絵の具の量は多くなっていきます。混ぜ合わせ方もまちまち。丸くマーブル調になったり、美しいグラデーションカラーになったり、ぐしゃぐしゃになったり。

そこに水の量を調整していき、ネバネバがサラサラになっていきます。

このように、本来定められた条件は決まっていても、その表れ方はさまざまです。また上の例で述べた水の量とは、まさに心の潤いなのです。そして潤い加減は、自身の心の状態を表します。それは、周りの環境で左右されていきます。

このようなさまざまな状況による変化については、第三章で述べていきます。

では、この三桁の具体的な見方を深く掘り下げていきましょう。

## 中身と外見の回答例

左から一つ目と二つ目の数が、あなたの中身・本質です。

そして三つ目の数は通常、他から見られている状態です。あなたの外見であり、それは混ぜ合わさった状態で見られているということです。（そのために足し算をしています）。

他者からの評価も三つ目の数で表されている場合が多いのです。

ご自身もこの三つ目の数が自分らしいと思う方も多いようですが、逆に最初の二つの数字こそが、強みの数 Key Number なのです。

第一章で述べた数字の【心相】と照らし合わせながら解釈していきましょう。


先ほどの例で見ていきます。

〈例一〉1月9日生まれの方→リング数：1・9・0というように三桁の数となります。
強みの数 Key Number ⇒1と9　外見⇒0となります。

〈回答〉

「強み」1・9
自負心、自我が強く、独立心旺盛で、人の上に立つタイプ。粘り強く、リーダーの資質を充分にそなえています。

「外見」0

心優しく穏やか、かつ正真なるがゆえに、ゆったりとした感じに見られます。いささか優柔不断で、決断力に乏しい面もあります。
※ここでのポイント！
外見が中身、本質と違うように見られています。長年、他者から外見のタイプで見られ

ていますので、それが自分自身の性質と思い込んでしまっている場合が多いです。

〈例二〉2月20日生まれの方↓リング数：2・0・2三桁の数となります。

強みの数 Key Number ⇓2と0　外見⇓2となります。

〈回答〉

「強み」2・0

非常に敏感で鋭い。感受性豊か。良く気が回り几帳面な性質ですが、一方で泰然自若とした器量をそなえています。異なる極端な二つの性質が混ざっています。

「外見」2

同数が表れている場合は、性質がそのまま外面にも表れる状態になっています。周りからも敏感で感情豊かなタイプと見られるでしょう。2がKey Numberとなり、柔和な性格のように見えていますが、実は感情に走りやすいタイプです。

〈例三〉3月25日生まれの方↓リング数：3・5・8三桁の数となります。

強みの数 Key Number ⇓3と5　外見⇓8となります。

〈回答〉

「強み」3・5

辛抱強く落着いていて、非常に交際上手。３は心相に【慾】と表れているくらいですから、常に大望を抱き、何事にも屈しません。それでいて内心は柔和温厚で、人情に富んでいます。

「外見」８

外見を飾り、陽気にして賑やかです。社交性に富んで、周りから愛されるタイプと見られるでしょう。また、柔和で、表面上柔弱のように見えますが、口、手八丁で、善にも悪にも心が簡単に動いてしまいます。

〈例四〉11月18日生まれの方→リング数：１・８・９三桁の数となります。

強みの数 Key Number ⇒１と８　外見⇒９となります。

〈回答〉

「強み」１・８

常に目標に向かって行動し、周りにアンテナを張って情報を引き寄せ発信する、リーダー的資質を充分に備えているタイプです。コミュニケーションを得意とし、マイペースで進んでいくタイプ。

「外見」９

コツコツ粘り強いタイプ、落着いてどっしり構えているように見えています。

※ここでのポイント！

スピード感が、外見と中身が違うように見られていますが、実は機敏で、クイックリーに行動することが強みなのです。どっしり落着いたタイプに見られていますが、実は機敏で、クイックリーに行動することが強みなのです。

## 隠れた才能と強み発見！

三桁の中心軸数の解説で、「なるほど！」と一致するところと、「そうではないな？」と感じたところと、さまざまだと思います。

中心軸数は、第一の出発点です。

神綾鑑定術では、あなたの性質や個性をより深く分析するために、さらに他の要素も組み込んで鑑定していきますが、中心軸数は、生まれてから年を重ねるまで、どんな時期でも常に影響を持っているのです。

ここで述べた『強み』について、補足しましょう。

「自分の強みが分からない」と思い込んでいる方とか、「自分の強み」を知りたいと感じている方も多いと思います。鑑定をしていても、「自分の強みって、何か分からない？」と頭を悩ませたりしている方が多いようです。

『強み』は分かりにくいのでしょうか。

まずは、分かりにくい場合は、分からないことを明確に意識し、その意識の部分に焦点をあてます。その意識の上に中心軸数の『強み』の特徴を重ね合わせ、照合し、客観的に表現（アウトプット）することで、結果、真の『強み』がなじんでくるでしょう。

素晴らしい『強み』が見つかって、頭で分かっていても、それを使い切らなければ意味がありません。

『強み』を知れば、就活や転職、またはビジネスの場でも大いに使えるでしょう。

そして、独立、起業を志す方々にとっては『自分の強み』を明確に認識することは、必須となるでしょう。

ご自身の中心軸数（リング数）を今一度見つめ直し、アウトプットして生かしていくことが重要になってきます。そこで、生かしていく際のポイントがあります。

先ほどの絵の具の水加減です。心の潤い加減で、【心相の要点】の長所が前面に出たり、逆に水不足でカピカピな不安定状態の場合は、マイナス要素が前面に出てしまいます。

現在の状態を見つめ直しながら、自身の中心軸数（リング数）と【心相の要点】とを見比べ、一度じっくり『強み』と取り組んでみましょう。

そして、中心軸数（リング数）で、地球の核と氣の交流をしながら、次項の『タイムステージ』を検討しましょう。要素数の二つ目は『タイムステージ数』となります。

## 第二要素の数 〜タイムステージ数〜

このタイムステージ数は、中心軸数（リング数）同様、神綾鑑定術の基盤となる数になります。生まれた年によって、それぞれ数が決まっています。ご自身に該当する数字は184〜187ページの表から割り出してください。

四桁の数字の並びはそれぞれ意味があり、誕生から年を重ねて経過する間の人生のリズムを読み取ることができます。この数字で、それぞれの年代の自身の環境や個性、特性を見つけることができます。

## 初年・中年・晩年の『タイムステージ数』

四桁の数字の左の三桁が、初年数、中年数、晩年数にあたり、それぞれの『タイムステージ数』になっています。右端の数字は後に述べる『オーラ数』です。

まず、それぞれの年齢枠の目安です。

一番左は初年（〇才〜成人）、次が中年（成人〜五〇才）、三桁目か晩年（五〇才以上）となっており、それぞれの年代でこの数字の影響を受けます。

つまり、この年代の並びも、中心軸数同様に一つのストーリーになります。

初年から中年にかけて切り替わる時期は、成人が境になります。そして、中年から晩年にかけての切り替わり時期は五〇才前後となります。

それぞれの移行時期は、絵の具の色を重ねるように、前後の数字が交わりながら、移っていきます。

ちなみに中年、晩年の移行時期は、百年前と現代とでは、生活環境も変わってきていますので、多少の年齢のズレはあります。

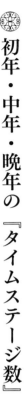

それぞれの年代の数字が『タイムステージ数』となり、かつ運勢数ともなり、生きていく上で、全てにおいて意味があり影響されてきます。

地球の核と中心軸数とつながったあなたが、各年代のタイムステージに立って歩んでいくというイメージです。
それぞれの数がどのような傾向と性質を含んでいるのかは、『人生』、『運命』、『心相』という三局面で、それぞれ漢字一文字で表します。それぞれの数字に応じた漢字を導き出し、三局面の三つの漢字を全体像として把握してみましょう。

**～タイムステージ数の『人生一文字』～**

1～0を漢字で表すと凝縮された『人生の一文字』で表現されます。

1:【生】2:【修】3:【結】4:【企】5:【成】6:【盛】7:【続】8:【隠】9:【弱】0:【死】

**～タイムステージ数の『運命一文字』～**

1～0を漢字で表すと凝縮された『運命の一文字』で表現されます。『人生の一文字』同様にそれぞれの数字が意味を持っています。

1:【始】2:【訣】3:【定】4:【拓】5:【静】6:【整】7:【切】8:【列】9:【苦】0:【終】

**～タイムステージ数の『心相一文字』～**

1～0を漢字で表すと凝縮された『心相の一文字』で表現されます。

1:【動】2:【感】3:【慾】4:【覚】5:【思】6:【案】7:【決】8:【貫】9:【乱】0:【忘】

『人生』・『運命』・『心相』と、それぞれの一文字を一気に読み取ることができます。各個人の人生経験または価値観で、その一文字の受け取り方はさまざまでしょう。また、印象も多少違ってくるでしょう。

『人生の一文字』『運命の一文字』『心相一文字』……これら三つの文字を解説をしてみましょう。

【1】生・始・動⇓勢い、スタート
【2】修・訣・感⇓別れ、スピリチュアル
【3】結・定・慾⇓安定、大吉
【4】企・拓・覚⇓改革、オープン
【5】成・静・思⇓丸く収まって吉
【6】盛・整・案⇓愛情豊で大吉
【7】継・切・決⇓変化、断捨離
【8】隠・列・貫⇓豊、賑やか
【9】弱・苦・乱⇓粘って吉、焦って凶
【0】死・終・忘⇓無から有、all or nothing

あなたの、タイムステージ数は、どんな数でしょう？　年代別タイムステージ表から数をピックアップして、最初の三桁を並べてみましょう。

この数が、今後さまざまなシーンで大いに活躍してくれる数です。イメージ通りでしょうか。はたまた想定外でしたか？

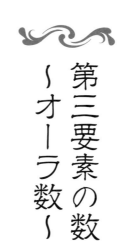

# 第三要素の数 ～オーラ数～

## 一生守ってくれる守護数

タイムステージ数の四桁目の数字がオーラ数になります。

自身のオーラ数を前述したキーワードにあてはめてみてください。

オーラ数とは、人生の流れ全体を覆っているオーラ（存在感、風格）のような存在に該当する数になります。常にどこかで見守ってくれている数、まさに守り数、守護数でもあり、代表数でもあります。ゲンかつぎとして、その数が付いた物を身に着ける人もいるくらいです。各年代の数も影響してきますので、年代の数と同数になった場合は良くも悪くも相乗効果があります。

また、中心軸に同数があった場合も同様に一層の相乗効果があり、非常に影響されていきます。

第三章

# 『ステージ』を知ると運気UP！

# 今の立ち位置を知ろう

では、さっそく【年代別タイムステージ表】で自分の年代の数字をチェックしてみましょう。

各年代、それぞれの数字があります。自分の年齢から見て『初年・中年・晩年』のどの年代にあたりますか?

また前後の数字はどのようになっていますか?

あなたが現在一八才ならば初年の枠で、左から一桁目の数字になり、その数のステージに立っているのです。あなたが三〇才ならば中年の枠で、左から二桁目の数字で、初年の数字から移行して中年のステージに立っています。あなたが五〇才ならば、中年の数字の影響を受けながら晩年との境目に移行している状態です。中年、晩年、両方の数の影響を受けています。

では、ステージに立ってみましょう。

## あなたの人生の流れを知ろう

ステージに立ってみて、景色を見晴らしてみましょう。

あなたの数字でのストーリーを、『人生』『運命』『心相』の三局面の漢字一文字に込められた内容を踏まえて深堀し、照らし合わせながら解いていきましょう。

では、実際に【年代別タイムステージ表】を見ていきましょう。

〈例一〉２００1年1月9日生まれ（平成13年生）※リング数1・9・0となります。現在数えで『18才』とし『初年』です。

この方のタイムステージは【８５３７】

８（初年）：５（中年）：３（晩年）：７（一代：オーラ数）

これを一文字にあてはめます。

人生【隠】：人生【成】：人生【結】：人生【継】

運命【列】：運命【静】：運命【定】：運命【切】
心相【貫】：心相【思】：心相【慾】：心相【決】

〈一の回答例〉

タイムステージの見方、解釈により、立ち位置が8（初年）で、後に5（中年）に移行します。

リング数が『1・9・0』となっており、この性質を持ちながら『8』のステージで初年を過ごしていくというイメージです。

立ち位置としては、初年は『8』の環境で、非常に恵まれている状態です。常に賑やかな和気あいあいとした家庭環境で育っていきます。

初年は、表面が柔和で、周りの先輩、年長者に愛され可愛がられます。しかし、リング数の『1・9』が影響して、その環境の中でも、何かに対して信念を抱き、じっとできずに常に動いている状態です。

『8』は口、手、足が機敏に動くこととなっているため、『1』との相乗効果で、意気軒高になるため、早いうちから口が達者で、年齢の割に大人びた感じのおませさんです。

初年は、学校等で人気者。生徒会長やリーダーシップを取る存在として生かされていくでしょう。

〈例二〉１９８５年2月20日まれ（昭和60年生）※リング数２・０・２となります。
現在数えで『34才』とし、ちょうど『中年』です。
この方のタイムステージは【２３９５】
２（初年）：３（中年）：９（晩年）：５（一代：オーラ数）
人生【修】：人生【結】：人生【弱】：人生【成】
運命【訣】：運命【定】：運命【苦】：運命【静】
心相【感】：心相【慾】：心相【乱】：心相【思】

〈二の回答例〉

タイムステージの見方、解釈により、立ち位置として３（中年）で、後に９（晩年）に移行します。

リング数が「２・０・２」となっており、この性質を持ちながら『３』のステージで中年を過ごしていくというイメージです。

『３』の環境は運命に『定』とありますので、安定、発展していきます。中年の間は非常に落着いた状態で、常に大望を抱いて、何事にも屈せずにやり遂げる強靭な意志があります。

リング数に『２』があることで、良い場合は、気が良く回り几帳面で愛想が良く、交際上手です。したがって交友関係が広がって、ご縁が円に結びつき、貯蓄も増えて裕福になっていくようです。心相は『慾』で、ややもすると、惜しい、欲しいという執着に凝り固まってしまい、情が入らぬため薄情になりかねませんので、注意しましょう。

初年は『2』と、リング数の『2』の相乗効果で、いつ何時も敏感です。赤ん坊のころは、特にイヤイヤが激しく、好き嫌いがハッキリしている時期でもあったでしょう。健康の面では、鼻、肺、喉、といった気管支系が弱く、風邪等々を引きやすく、それは中年になっても影響していくでしょう。

オーラ数の『5』は、全体を行き過ぎないようにセーブする役目があり、何事も、注意深く慎重に事を運んでいき、バランスを取っていくでしょう。

〈三の回答例〉 1962年3月25日生まれ（昭和37年生）リング数3・5・8となります。現在数えで『57才』とし、ちょうど『晩年』です。

この方のタイムステージは【9370】

9（初年）：3（中年）：7（晩年）：0（一代：オーラ数）

人生【弱】：人生【結】：人生【継】：人生【死】

運命【苦】：運命【定】：運命【切】：運命【終】

心相【乱】：心相【慾】：心相【決】：心相【忘】

〈三の回答例〉

タイムステージの見方、解釈により、立ち位置として7（晩年）で、3（中年）から移行していいます。

リング数に『3・5・8』となっており、この性質を持ちながら『7』のステージで晩年を過ごしていくというイメージです。

『7』は心相に『決』、運命に『切』とあります。中年のステージの安定、発展といった非常に落着いた環境からここに移行します。

『3』で表れている、物質的要素に影響されている状況から、『7』の精神面に重きを置く環境に変化していきます。この変化は、対人関係、仕事において重要なポイントです。『7』によって組織の中ではリーダー、または会社のトップとなり、現在の環境をリードしていく立場になっていきます。

精神的要素が強くなり、損得なしでの判断、一層研ぎ澄まされた決断が必要な場面が多くなっていくでしょう。と同時にさまざまな場面で変化の多い年回りとなっていくでしょう。晩年に『7』を持っている人は、移動とか引越しも多いようです。

リング数に『3・5』があることで、中年から続いていた交際上手な面が反映され、交友関係がどんどん広がっていきますが、晩年になると徐々に精神面での分かち合いを重視する交友関係へと発展していくでしょう。

オーラ数の『0』の影響で、身心ともに優しくかつ正真な面が表れ、先輩、年長者の引立てを受けながら幸福に達する道筋を常に持っています。

しかし、いささか優柔不断にして決断力に乏しく、チャンスを失いかねません。『0』の数により、決断の際、即決しなければならないタイミングが一度オブラートに包む感じになります。要するに間を置き、時間を要します。

『0』の特徴は、即決せずに一度事を熟慮して、最善の道をじっくり探り、断固とした決意表明をしていくといった流れです。『7』のステージの特徴でもある変化、即決がオーラ数『0』で緩和されるでしょう。

〈四の回答例〉1972年11月18日生まれ（昭和47年生）※リング数1・8・9となります。

現在数えで『47才』とし『中年』～『晩年』移行中です。

この方のタイムステージは【9224】

9（初年）：2（中年）：2（晩年）：4（一代：オーラ数）

人生【弱】：人生【修】：人生【修】：人生【企】

運命【苦】：運命【決】：運命【決】：運命【拓】

心相【乱】：心相【感】：心相【感】：心相【覚】

〈四の回答例〉

タイムステージの見方、解釈により立ち位置として『2』（中年）から同じ『2』（晩年）に移行しています。

リング数に『1・8・9』となっており、この性質を持ちながら『2』のステージで中～晩年を過ごしていくというイメージです。

初年の『9』で、若い頃から苦労が多く、リング数の『1』から、早々に親許を離れて独立する傾向がみられます。が、この時期の苦労が学びとなり、未来を切り開いていきます。

中年の『2』の環境は、人生に『修』、運命に『決』、心相に『感』となっているように、常に修行しながら成長していきます。特に『2』は対人関係において感情に走りやすく、常に感情が原因で運命が左右されてしまいます。敏感で感受性豊かな面を生かすと、周囲の人望を集めることができるでしょう。オーラ数の『4』で、感覚鋭い部分を持ち合わせていますので、相乗効果によってますます感性が豊かになります。

晩年は、さまざまな経験を生かして身近な問題等々を解決する手腕により、後輩たちや若い世代の信望を集めることとなります。

リング数の『1・8』によって、強みとなる幅広い人脈、交流関係、そして面倒見の良さにより存在感を示し、良きアドバイザー、コンサルタントとして活躍するでしょう。

※ちょっとポイント！
年回りについて。

詳しくは第五章で説明しますが、この人は数えで四七才となっています。昨年は四六才で八方塞がりでした。四七才の今年は因果玉の整理の年回りで隠れた新氣運年です。この年は、今まで伏せていた諸々の事柄が勢いよく一気に噴き出していきます。そういった意味では、一度整理整頓した後に練った計画をスタートさせると良いでしょう。

# 目的地までの距離を知ろう

今回のタイムステージ表で立ち位置が確認でき、前後の流れも確認できました。

基本の立ち位置が分かれば、次は目的地（行先）ですね。

たとえば、中年のステージ上でも、いろいろな目的地（行先）があったり、目的地がその時々で変わったりします。立ち位置と行先の間との距離感は、常に変動していきます。

鑑定では、目的地に到達するまでの距離を、時間というスパンで表現していきます。たとえば一㎞という距離を、あなたならどれくらいの時間、どの時期に到達することができるか、ということです。

## ポイント① 現在地の確認

立ち位置の再確認をしましょう。今まで自身が感じていた状態と、実際のタイムステージ上での位置が示す状態とで、感覚のズレはどうだったでしょうか？

納得！ ある程度納得！ またはちょっとズレがある感じとか、まったく予想外とか、さまざまかと思います。

このズレの再確認、ズレの度合によって、今後の目的地までの距離（到達するまでの時間）が変わってくるのです。

何故、目的地までの距離がズレるのでしょうか。

「運命とは、偶然でなく必然である……。運命とは、性格（心の持ち方）の中にある……」。

私がこの統計学を伝承された際、この言葉が印象に残っています。そう、性格（心の持ち方）によって大いに左右されるということです。

望む物に対して、素直に向かい合うことができなければ、永久に望みは叶うものではありません。今回、想定外にズレていると感じたのは、もしかして、気付きのメッセージかもしれません。思ってもなかったことに気付いたのです。

まずは、今回のタイムステージでの流れを一旦受け入れましょう。その上で、自身の長所、短所を再確認しましょう。

人生とは、常に選択の連続ですよね。その選択は、そして結果は、実はすでに性格の中にあるのかもしれません。

タイムステージの固定型鑑定でのズレ、という気付きが、距離（時間）を確認する上で、最も重要なポイントとなってくるのです。ポイント①は、「現在地のズレ確認をしよう！」となります。

## ポイント② 目的地までの深堀法

深堀方法とは、木にたとえますと、数本の枝葉からメインの枝を決め、そこからどんどん伸ばしていく方法です。

ここからは宇宙数から統計的に割り出される『固定型鑑定』に加え、個別にご相談し、対面することを前提とした『流動型鑑定』のお話しも交えていきます。

流動型鑑定による宇宙数については、第六章でその初歩的な算出方法などを解説しますが、流動型鑑定による結果がどのようなものかについては、その性質上、すべてを一般論で確定的に述べることができません。ここでは神綾鑑定術の全体像を大枠で理解していただくため、対面鑑定をしていて流動型鑑定をも実施している、ということを前提にしてお話を進めていきます。

対面鑑定では、コミュニケーションをはかりながら、大事な部分を見据え、それを追求することで答えを探っていきます。

これを『深堀鑑定』と称しています。

まずは目的地を明確にすることが必要です。到達できるまでの距離（時間）を計る上でも、目的地が曖昧だと、距離も曖昧になってしまいます。そこで、目的地をハッキリ明確にしていくことが重要になってきます。

お互いに対話、すなわち深堀をしていけば、本当の目的地、本心の目的が見えてきます。

まず、『固定型鑑定』をし、その後、質問に対して『流動型鑑定』で深堀をしていきます。

日常でよく使う「深堀」という言葉は、深く調べたり、考えたりする、という意味で使っていたりしますよね。「課題を深堀する」といったように。

また、営業とかでは、新たな顧客開拓をするのではなく、すでにあるものに対して密接な関係性を築くという意味でもあります。

深堀は相手と対話しながら、本当の目的地を見出していく作業です。

## 深堀会話で心理を突きとめよう

漠然とした質問からスタートして、深堀鑑定をしていくと、答えが明確になるだけではなく、気持ちまでもスッキリしてきます。それは、自分でも気が付かなかった、深い部分での気付きがあるからです。実は、気になっていたことが、『A』ではなく、『B』だったとか。本当にやりたかったことが分かったとか。

鑑定の答えと同時に、ご本人も同時に気付くといった、ミラクルが起こってきます。ちなみに、もちろん鑑定の答えと気付いた答えは同じです。鑑定師は自らが媒体となって深堀し、答えを導いていきます。

『深堀鑑定』の対話方法は、日常生活でも生かすことができます。会話をしながら相手の話の深堀をしたり、自分自身との深堀対話で自分を見つめ直したりとか、親子関係、上司部下、パートナーなどさまざまな関係で通じる方法なのです。

## 深堀＝深聞き

深く問い、聞き出すという作業は、まさにコミュニケーションの原点でしょう。深堀をするとは、要は、聞き上手であり、うなずき上手、質問上手になることなのです。まず、オウム返しで深聞き。その繰り返しで進めていきます。

温度差があった空間から、同じ空間にいると自然に感じられるようになった時、初めて心が開き通じるような感覚になります。これは、日常生活の人間関係を円滑にする術でもあるでしょう。

深堀をして、本心の目的地を明確にしましょう！

## ポイント③目的地までの距離とは？距離（時間）はどれくらいかかるの？

さらに流動型鑑定で深堀を続けていきます。

距離＝時間という視点から見た場合、鑑定結果の答えと並行して自身のバイオリズムの流れにまず着目します。

特に新氣運年、新氣運月には勢いがありますから、そういった年、月は高い達成確率が望めます。つまり、このバイオリズムの流れが、距離（到達できるまでの時間）に影響してくるのです。

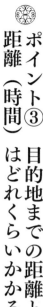

では、新氣運とは、どういったものでしょう。

正に読んで字のごとく、真新しい氣が入ってくるという意味合いです。

新氣運の活用法については、五章でさらに詳しく説明します。ここでは新氣運の意味を少し説明したいと思います。

神綾鑑定術では新氣運を「新氣運年、新氣運月、新氣運日、新氣運時間」と、大きく四つに分けています。それぞれ年、月、日、時間の中に新氣運というカテゴリーが存在しています。

では、真新しい氣とは？

宇宙の働きは、『1』から始まり『0』で終ります。この繰り返しで、世の中全てがつながっています。

このため、『1』からスタートということは、凄いパワーがある、つまり勢いが半端ではないということです。

新氣運年については、年回りの数え年で、右側の数に『1』がある時がこの状態にあたります。なお『新氣運』の「年」がいつにあたるかについて、詳しくは第五章の「⑧運氣の上がるスタート時期！』で解説しています。

しかし、新氣運月、日、時間は、綿密な計算法により、鑑定者の年齢と兼ね合わせて割出していきますので、カレンダー日、または時間が『1』だからといって新氣運にはなりません。

この新しい氣が入ってくる現象にそって素直に生きていくことが、好機、チャンス、幸福へとつながっていくのです。したがって、新氣運の時期は、何かをスタートすることに適しているだけでなく、スタートしやすい環境が整いやすくなり、ご縁となる方との出会いも準備されているのです。

また勢い、パワーがありますから、スムーズに事が運びやすく、時短にもなります。なかなかまとまらなかった案件が、新氣運に入ってスムーズに、あっという間に解決できたという例もたくさんあります。

年、月、日、時間のバイオリズムでの流れ（宇宙の動き）を知ることで、目的地までのスケジュールを正確に計ることができます。長いスパンで対策を立てるための情報としても、さまざまな分野で生かすことが可能になります。

対人関係の場合も同様です。目標に向かっていくために離れるべきだと判断したり、あるいは逆に再構築したりと、その関係の築き方にも示唆が与えられるでしょう。

さらに相手が一人だけの場合と、数人以上のチームとして動く場合ではタイムが変わってきます。チームの場合、関わりのある人の相性、運勢、バイオリズムも同時に深堀していくと、より明確な回答になってきます。

ポイント③は、「それぞれのバイオリズムを知って距離（タイム）を計ろう！」ということになります。

## 知っておきたい良質の質問とは？

ところで占いを依頼する場合、よく占い師にお任せといった感じで、受け身で聞く方も多いかと思います。これは、一般的な占いの姿勢です。

しかし望む物がハッキリしている場合、お任せの受け身では、目的地、すなわち目標までの具体的な距離（時間等）に関する回答が受取りにくくなっていきます。

占いを依頼する人が能動的に鑑定に臨むと、回答も変わってきます。能動的に望むには、事前に質問をあらかじめ用意しておくことが理想です。

流動型鑑定をしながらの深堀鑑定の際に重要なのが、能動的な質問となります。

漠然とした質問に対しては、漠然とした答えになってしまいますが、具体的な質問に対しては、可否がハッキリ出るので鑑定を進行しながら深堀しやすくなります。

流動型鑑定の回答表現は現在・先行き・結果といった三桁数がもとになっていきます。

具体的な距離、具体的な結果を計ろうとする場合は、現在の位置、状況を確認後、目指す目標を明確に定めることが大事です。具体的で良質な質問には、具体的で良質な回答を得られやすいという結果になります。

**～大まかな質問の例～**

〈例一質問〉今の仕事（営業職）はどうなんだろう……？という漠然とした質問。

〈例一の回答〉

流動型鑑定結果⇒『５１８』だった場合（流動型鑑定では現在、先行き、結果という三局面を三桁の数字で表現しています）、この答えの結果は、営業は向いているＯＫ！の回答です。現在『５』：非常に落着いている状態。周りの協力も得られ、できればもっと積極的に口、手、足を使って外に向かって営業をすれば可能性が広がっていくでしょう。

この場合、固定型鑑定でも、タイムステージの現在位置と、リンク数、オーラ数を加味して判断していきます。

**～具体的な質問の例～**

〈例二質問〉今月の仕事（営業職）の売上が達成する確率はどうなんだろう……？という可否を問うている具体的な質問。

〈例二回答〉

流動型鑑定結果⇒『493』だった場合、現在は『4』で未完成な状態。または企て事を見直す必要があります。あれもこれもと手を出さず、絞り込んだ方が良いでしょう。この時点で、確率五〇％以下です。

さらに進めて、先行き『9』ですので、なかなか成果が出ない状態です。苦情事，揉め事が多く、じっくり粘る必要ありです。

ここで深堀鑑定が登場します。いくつかの具体的な別の営業方法、売上方法をあげていただき（この場合、鑑定依頼者が思いつく限りの案を言っていただくと良いです）、それぞれに対して深堀鑑定していきます。結果どの解決策がベストか、即可否をとり、鑑定します。

深堀鑑定することで、鑑定依頼者は、具体的な解決策もクリアになります。

『9』によると、時間はかかりますが、結果『3』により発展繁栄します。月末ギリギリの成果になるでしょう。質問に対しての答えの達成する確率は、ほぼ九〇％達成するとみてよいでしょう。継続して最後の最後まで諦めず仕事をやり遂げた場合百％となります。

この場合も、固定型鑑定はもちろんですが、先ほどの深堀鑑定、自身のバイオリズム、さらに関わる人との関係性、相性も非常に関係してくるのです。

第四章

# 数字が教えてくれる『あの人との相性』

# 相性の本当の意味

世間一般でいう相性とは何でしょうか？

気が合うということでしょうか。物の見方、考え方、それらを価値観と呼ぶのなら、価値観が近いほど相性が良く、違いが大きいほど悪くなっていくと言いますよね。

ちなみに最近では、「笑いのツボが同じなのが良い！」とか、「食生活で好みの味が同じなのが良い！」とか、中身、見た目、学歴……。相性が合うと言われることは、さまざまでキリがないです。

逆に、「価値観が正反対のほうが新鮮で刺激的」とか。「補い合えるから良いのでは？」とか……。そうですよね。おっしゃる通り、このような場合、お互いに惹かれ合います。

でも、こういった相性の良さというのは、最初は良いのですが、先行き不安定要素が出てきやすいものです。

神綾鑑定術では、男女とか夫婦などの相性の場合は、精神的価値観と、肉体的相性の両方から見ていきます。両者がバランス良くしっかりかみ合っているかどうかです。どちらかだけが良いのではなく、両方とも程々が良いのです。

では、相性を看板でたとえてみましょう。上下に釘打ちしている状態で、上側が精神的価値観、下側が肉体的相性とします。上下の内、片方だけチョコっと軽く打ちつけられていたとしたら、最初は問題ありませんが、雨嵐の影響を受けて、時間とともにぐらぐら外れやすくなっていきます。やはり、上下ともしっかり打ちつけられている方が、長持ちして丈夫なのです。

そして男女の他にも対人関係はいろいろです。親子、兄弟、上司、部下、ご近所さん……さまざまな相性があります。要するにあなたが接するもの全てに相性の良し悪しが発生していくのです。

では、どのようなタイプの人と相性が合うと判断すれば良いのでしょう？

神綾鑑定術では、大きくタイプを四つに分け、さらに性別関係なく『肌タイプ』を二通りに分類し、判断しています。

## 『四つのタイプ』とは

まず1～0までのそれぞれの数字を『四つのタイプ』にわけます。

その上で、タイムステージの数、オーラ数、リング数から、鑑定する人の相性のタイプを割り出していきます。

【1・4・7】精神界タイプ

精神、心を重んじるタイプ。目に見えない物、事柄を大事にします。スピリチュアル感覚人。

【3・6・9】物質界タイプ

精神界タイプと真逆なタイプとなります。目に見える物、事柄を大事にします。計算、損得勘定に敏感で、合理的に判断し、付き合いも上手。

【2・5・8】中立界タイプ（ブローカー的、橋渡し的タイプ）

どちらも程々両立しているタイプ、紹介上手な橋渡し的存在。

【0】霊界タイプ

霊的感覚、人情愛情深く正真。

**『肌タイプ』とは**

これは、肌合いを表すタイプで、気質のことになります。

【男肌タイプ】奇数

【女肌タイプ】偶数

男女問わず、男肌はサバサバ、ハッキリ物を言うタイプで、女肌は反対にしっとり、やんわりとしたタイプでしょうか。では、『四つのタイプ』と『肌タイプ』を実際チェックしてみましょう。

### あなたは何タイプ？

タイムステージ＆リング数でタイプをチェックしてみましょう。

〈例：一〉２００１年1月9日生まれ（平成13年生）

※リング数１・９・０となります。現在『初年』のステージです。

タイムステージは【７５６９】【８５３７】

７／８（初年）：５／５（中年）：６／３（晩年）：９／７（一代：オーラ数）

※1月生まれの方は、前年度の影響も現れますので、両年のタイムステージ数を並行してみていきましょう。

〈回答例一〉タイプの見方、解釈（２００１年で見た場合）

初年、中年と『中立界』タイプ、晩年が『物質界』タイプ、一代オーラ数が『精神界』タイプとなっています。リング数は１：『精神界』、９：『物質界』、０：『霊界』タイプとなっています。

この方には、平均してあらゆるタイプがそなわっています。

見方として、リング数1⇓精神的な事柄を重んじるタイプが前面にある状態です。

次にリング数9⇓物質的タイプも並んでいることから、両面がバランス良く存在しているようです。

現在、初年の『中立界』タイプステージに立っていますが、精神的な事柄を重んじる要素が前面にでていくでしょう。

晩年『物質界』タイプに移るにつれて、物事をハッキリ目で見て判断するタイプになっていくでしょう。

『肌タイプ』は七つの数の内、奇数が五個あります。ということで、『男肌タイプ』となります。
※ただし、2000年のタイムステージの影響も加味しながら解釈していきましょう。

〈例二〉1985年2月20日生まれ（昭和60年生）
※リング数2・0・2となります。現在『中年』のステージです。
タイムステージは【2395】
2（初年）：3（中年）：9（晩年）：5（一代：オーラ数）

〈回答例二〉タイプの見方、解釈

初年、一代オーラ数が『中立界』タイプ、中年、晩年が『物質界』タイプとなっています。リング数は2：『中立界』、0：『霊界』、2：『中立界』タイプとなっています。

この方は、中立タイプと、物質タイプの二タイプを合わせ持っています。現在はリング数2⇓『中立界』タイプが前面にある状態です。

中年、晩年と『物質界』タイプのステージに移るということから、目に見える物を中心に堅実な判断をしていきます。精神的な価値判断より、実際の現場で対応していくタイプです。『肌タイプ』は七つの数の内、偶数が四個あります。ということで、『女肌タイプ』となります。見た目、または雰囲気が物腰柔らかい印象となります。

〈例三〉１９６２年3月25日生まれ（昭和37年生）

※リング数３・５・８となります。現在『晩年』のステージです。

タイムステージは【９３７０】

９（初年）：３（中年）：７（晩年）：０（一代：オーラ数）

〈回答例三〉タイプの見方、解釈

初年、中年が『物質界』タイプ、晩年が『精神界』タイプ、一代オーラが『霊界』タイプとなっています。リング数は3：『物質界』、5：『中立界』、8：『中立界』タイプとなっています。この方は、『物質界』、『精神界』、『中立界』、『霊界』とバランス良く合わせ持っています。現在は、リング数3⇓物質的な事柄を持ち合わせながら『7』精神界のステージに立っている状態です。

初年、中年が物質的タイプということから、目に見える物を中心に堅実な判断をしていましたが、晩年になるにつれて一代オーラの『霊界』タイプと相乗効果で、価値判断は精神的な事柄を重んじるように、価値基準がガラッと変わってきます。

『肌タイプ』は七つの数の内、奇数が五個あります。ということで、『男肌タイプ』となります。晩年の7の影響もあり、決断力に優れたサバサバした印象となります。

## では、対人関係の相性を見てみましょう

先ほど、『四つのタイプ』と『肌タイプ』と出していきましたが、お互い同じタイプだと気が合う、相性が良いとは限らないのです。

普通、同じタイプだと良いとなりがちですが、神綾鑑定術の回答では、似た者同士でも吉にも凶にもなったりしますし、全く違うタイプでも吉になったりすることがあります。

なぜでしょうか？　相手と氣の交流をすることで、互いの氣が混ざり合って新しい氣ができあがります。要するに相手との交流により、全く違った氣が発生していくのです。相性が吉と出るか、凶と出るか。それはそれぞれの『今のタイムステージの数を足した数』となり、その数字によって吉凶が分かれます。

## 相性の数の『吉凶』とは

1～0を吉凶で表す

相性を占う人同士の、今のタイムステージを足した数の一桁目の数字（足して二桁になった場合も一桁目）により、以下の吉凶になります。

1：【吉】2：【凶】3：【大吉】4：【凶】5：【吉】6：【大吉】7：【大凶】8：【吉】

9：【大凶】0：【大凶】

ただし、これは固定型鑑定の場合です。

流動型鑑定の場合は、占う瞬間でお互いの相性の答えを出していき、現在、先行き、結果と三桁の数字で判断します。本格的に神綾鑑定術で占うときは、両方（固定型鑑定、流動型鑑定）の見解を合わせていきます。

## 相性の数字の出し方・計算してみる

では、固定型鑑定法で相性を出してみましょう。
まず、タイムステージの現在の立ち位置の数字を出してみましょう。
例えば、あなたと、お相手の方がお互い同年代の中年でしたら、その数を足しましょう。
〈例一〉同年代、タイムステージが同じ場合
あなた：1971年（昭和46年）生まれタイムステージ表『8976』
お相手：1973年（昭和48年）生まれタイムステージ表『0369』
お互い、それぞれ足していくと⇓初年8＋0＝8、中年9＋3＝2（一桁目の数字のみ表示する）、晩年7＋6＝3（一桁目の数字のみ表示する）
オーラ数6＋9＝5（一桁目の数字のみ表示する）
〈回答例：一〉
【相性の数】初年8（吉）中年2（凶）晩年3（大吉）オーラ数5（吉）
初年8＋0＝8（吉）⇓初年は、賑やかに和気あいあいとコミュニケーションがとれ

て『吉』

中年9＋3＝2⇓お互い物質界タイプで、ぶつかりやすく感情的になりやすい『凶』

晩年7＋6＝3⇓精神界と物質界タイプの反対タイプだが、バランス良く認め合う間柄で『大吉』

オーラ数6＋9＝5⇓物質界タイプで丸く収まり『吉』

お二人の状況を、幼なじみで、現在中年、そして同僚の間柄として、相性を考えましょう。その場合、幼児期はいつも仲良く遊んだ近所の友達でした、といったイメージです。

そして、現在は中年のステージですから『凶』です。コミュニケーションの際、感情的になりやすいので注意しましょう。

しかしステージが晩年になれば、お互いを認め合える仲に変化していきます。

そして、常に二人を包み込むオーラ数が『吉』ですので、中年が『凶』でも、オーラ数でカバーできています。

〈例二〉年が離れている、すなわちタイムステージが違う場合はどうでしょう。たとえば、嫁姑の相性を考えます。

あなたの現在のステージは中年。義理のお母さんは、晩年とします。

あなた：1981年（昭和56年）生まれタイムステージ表『8829』

義理のお母さん：1955年（昭和30年）生まれタイムステージ表『2766』

タイムステージが違うときの、今の相性を出す場合は、現在8＋6＝4（一桁目の数字のみ表示する）、先行き2＋6＝8（一桁目の数字のみ表示する）

先行きの計算は二人とも、晩年のタイムステージ数となります。

オーラ数9＋6＝5（一桁の数字のみ表示する）

〈回答例二〉【相性の数】現在4（凶）先行き8（吉）オーラ数5（吉）

現在は8（中年のあなた）＋6（晩年のお義理の母さん）＝4（凶）が現在の状況です。

お互いお洒落好き、派手好みですが、お互いの価値観がしっくりこなくて、満たされない物足りなさを感じてしまう状況にあり、『凶』です。

先行きは2（晩年のあなた）＋6（晩年の義理のお母さん）＝8（吉）が一五年後あたりです。

抜かりなく、良く気が付くあなたは、お洒落好きな義理のお母さんと話が合い『吉』

オーラ数9＋6＝5（吉）⇓お互いの交流が静かにまとまっていき穏やかな関係を築いていくでしょう。

『例一と、例二でのポイント！』

自分と相手の、それぞれ今の年代でのタイムステージでチェックすることがポイントです。すなわち自分のタイムステージと相手のタイムステージの数字です。

ただ、タイムステージの数字も年月の移行とともに変化し、相性も変化します。ここが、他の易学と違う観点です。時は流れていきます。タイムステージも流れて変化していきます。

だけど常に包み込むオーラ数は、変化しません。

# カテゴリー別相性診断

今までは同年代（同僚）との相性、年の離れた嫁姑との相性の出し方を見てきました。

では、次に、カテゴリー別に見てみましょう。

## 企業職場の事例

〈例一：就職先候補会社の運勢&相性とは〉

この場合、自分のタイムステージ数は今まで通りですが、会社のタイムステージは、会社の経営者、社長、またはそのポジションの責任者のタイムステージということになります。

社長の生年月日が分かればタイムステージ数を出してみましょう。

会社責任者：１９６４年（昭和39年）６月21日生まれ【１５６３】

あなた　　：１９９０年（平成２年）８月６日生まれ【７６２６】

※固定型鑑定の相性としては６＋６＝２（凶）中年、６＋２＝８（吉）晩年です。

※仮に流動型相性を試した答え（仮三桁の数）とします。

社長（４６３）５５才（数え）

あなた（２８５）２９才（数え）

〈例一：回答、解釈〉固定型鑑定による相性は、晩年に向けて丸く収まる吉です。穏やかな関係性を築くことができます。

流動型鑑定としては、会社側から見たあなたは、現在は力不足ですが、先行きなじんで、戦力となりえる人材でしょう。あなたは今、しっくりこない、好みではないと思っているかもしれませんが、仕事を通して、自身の強み（リング数）が発揮できるでしょう。そして、特にあなたは、今年新氣運年（29才：数え）なので、新しいスタート時期と言えるでしょう。

〈例二：上司、部下との相性とは〉
自分と上司の場合、自分と部下との相性も、同様にタイムステージを足して数字を割り出してみましょう。

〈例三：事業部の配属とは〉

事業部としてのグループ全体の運氣&相性の鑑定となります。まず、現在の事業部のトップ（責任者）の運勢を見て、トップとして合っているかどうか、他に適任者がいるかどうか、などを見ていきます。

この場合は、固定型鑑定で、タイムステージを確認していきます。

中年、晩年、リング数に1の数があれば、リーダーに適している部分を持ち合わせているととれます。また、そのリーダーの運気（バイオリズム）によって、今年の事業の流れも読み解いていきます。

例えば、二人のリーダー候補者がいると仮定します。

Aさん：1977年（昭和52年）3月1日生まれ【4511】

Bさん：1981年（昭和56年）5月8日生まれ【8829】

〈例三：回答〉Aさんと Bさんが候補者の場合、リーダーとしての素質は、『1』を持つAさんが断トツです。タイムステージは、現在中年で『5』ですが、リング数の強みが『1』とあり、穏やかそうな感じですが、芯はしっかりグイグイ周りを引っ張っていくタイプで、責任者として活躍していくでしょう。

一方Bさんは、チームのムードメーカ的存在として、力を発揮していきます。世話好きで面倒見が良く、きめ細やかなフォローができる存在として、リーダーの右腕となる立ち位置となるでしょう。

## 業績を上げる配置替え

チームでの実績は、一人の能力では難しいですよね。

皆が協力して目標に向かって突き進んで行くというスタイルが望ましいのですが、なかなかそうはいきません。

新しいスタッフを入れたり、仕事上のパートナーを変えたり、得意先を変えたり、試行錯誤しながら、流れを良くして行くこととなります。

では、どのような点に注意して、人材を配置するのがいいのでしょうか。

まず、そのプロジェクトの期限です。短期のプロジェクトで達成すれば解散するのか、または長期で進行していく内容なのかでも、リーダー選択に重要な相違がでてきます。リーダーの運氣がここでは一つ大きなポイントとなってきます。

皆を引っ張っていく『要となる人物』だからです。

数人の候補から、固定鑑定の運氣、タイムステージ、リング数、そして流動鑑定で答えを出していきます。

リーダーが決まれば、あとは各グループでのリーダーとの相性を見ていきます。そうすると、流れが良く、スムーズにコミュニケーションがとれやすい環境に変化していきます。

氣の流れが良くなると、自然と業績もアップしてくるのです。そして、リーダーの運氣がチームの運氣と相乗効果をもたらし、業績がうなぎ上りとなるのです。

## 夫婦、パートナーとの相性

夫婦、もしくは人生のパートナーとはいえ、二人が同年代の場合と、年の離れた場合もあります。それぞれのタイムステージの位置を確認して割り出していきましょう。鑑定方法は、固定型鑑定と流動型鑑定と照らし合わせながら進行していきます。

固定型鑑定は、まずそれぞれのタイムステージを見ていきます。年代ごとの相性は中年の場合、晩年の場合へと時に応じて変化し、夫婦間の相性の流れとなっていきます。

さらに中心軸（リング数）での価値観を、タイスステージでの相性数とすり合わせながら、時間の変化とともに見ていきます。

時間を共有するにつれて、中年から晩年に向けて相性が変化していき、お互いを認めて受け入れることで丸く収まったり、衝突が多くなったりします。また第三者の祖父母とか、子供たちが中に入ることで丸く収まったりするなど、さまざまです。

環境、家族構成が変化することでも、そしてお互いの運氣バイオリズムの影響でも相性はどんどん変わっていきます。

変化するとは分かっていながらも、相手をどうしても受け入れることが難しければ、最初は少し距離を置くとかの家庭内別居、離れて暮らす、さらには別離という選択にもつながりかねません。

## 熟年離婚

中年が吉、晩年が大凶の場合、環境の変化もあり、離れて吉の場合もあります。しかし、タイムステージの状況、お互いのリング数を相互に把握して、相手を認めて受け入れていくとこのような場合でも丸く収まることもあります。

これが非常に難しいときも、子供、姑など、家庭の中で同居している人がいる場合、皆を入れた三人以上での相性となり、夫婦二人の大凶の相性が緩和される場合があります。夫婦以外の同居人も入れた、それぞれの相性も見ていったら良いでしょう。

## 長男長女の権利

現代は核家族が増えてきて、大家族は少なくなってきていますが、日本では長男が家を継いで、次男が分家するという習慣があります。

しかし長男でもその役割をになうことができるかどうかで、家族がしっくりくる場合と、イザコザが起こり易い場合があります。

これはタイムステージの中年以降、または、リング数の中に『3』という数字があるかどうかで見極めます。長男にこの数字がなく、次男がこの数字を持っていると、次男が長男の役割を果たすことが多くなります。

これは、女性の場合もあてはまります。『3』の数を持った次男、次女以降の方々は、たとえ長男、長女でなくとも、責任の重い立場、義務、権利が発生してきます。さらに女性の場合は長男のところに嫁ぐとか、実家の面倒を見るようになるとかになります。

姑などが、「3」の数字を持ってない長男と同居した場合は、家の中で嫁姑の仲がしっくりかない場合が多々あります。こういった場合は、同居ではなく少しでも離れて暮らすなどすると吉となります。

# うまくいく人間関係

## あなたの周りのこんなタイプに困っていませんか？

いろいろな人とお付き合いしていくと、この人とは人間関係をうまく作り上げることが難しいと考えてしまうことがありませんか。このような人たちは、その人が持っているリング数の短所が表面に出てしまっているために、周りとうまく人間関係を築くことができないのだと考えられます。

その短所の現れは、具体的には以下のようになります。

1数・あなたの周りの強情なタイプに困っていませんか？

2数・あなたの周りの感情的なタイプに困っていませんか？

3数・あなたの周りの頑固なタイプに困っていませんか？
4数・あなたの周りのお喋りタイプに困っていませんか？
5数・あなたの周りの心配性なタイプに困っていませんか？
6数・あなたの周りの派手なタイプに困っていませんか？
7数・あなたの周りのトゲのあるタイプに困っていませんか？
8数・あなたの周りの軽いタイプに困っていませんか？
9数・あなたの周り口うるさいタイプに困っていませんか？
0数・あなたの周りの優柔不断のタイプに困っていませんか？

実は、それぞれの数タイプの人に対して、それぞれの困難の緩和法があります。

これをマスターすれば、その人に困らされることがなくなり、逆に強い味方になります！

緩和法は、たとえば『1』数持ちの強情なタイプですが、『1』の特性を生かすことができる人を仲間に入れる、という方法です。

1のタイプの人をリーダー的な存在として認め、決め付けず、自由にさせてあげられるタイプの人を仲間に入れると場が丸く収まります。

現在のタイムステージ数、またはリング数を足して『吉』または『大吉』となる数を持った人を仲間に入れてみましょう。『1』+『2』=3（大吉）『1』+『4』=5（吉）『1』+『5』=6（大吉）『1』+『7』=8（吉）

『1』と相性の良い数を持った人に応援を頼むのも一つの方法です。

『2』の場合も同様です。

すぐ感情的になるタイプの人に対して、この『2』の特性を生かすことができるタイプの人に入ってもらいましょう。

『2』の感情的な場面になった場合に間に入ってもらうのは、どのタイプでしょう。『2』+『1』=3（大吉）『2』+『3』=5（吉）『2』+『4』=6（大吉）『2』+『6』=8（吉）

『2』と相性の良い数を持った人に中に入ってもらうのも一つの方法です。

『3』以降も同様、こういった方法で数を足して『吉』、『大吉』になる持ち数の方に入ってもらったりして、いろいろ氣の流れを変えていきましょう。

企業とかで、よく担当替えなどがあります。それぞれのポジションをある程度の年数で引継ぎチェンジしています。これも仕事の流れを良い意味で刺激を与えながら変えていく、リフレッシュするということになりますよね。

# 第五章

# 運氣の上がる数字を知って活用する

# 運氣の上がる番号が見せてくれた九つの奇跡！

全世界、それどころか宇宙のあらゆる存在は数で表現される、あるいはさらに、数として表現されることで成立している、と神綾鑑定術は考えます。

歴代の天皇が皇位の正当な証として継承する『三種の神器』は、それ自体に神が宿るとされていますが、宇宙数はこの「三種の神器」にたとえることができます。

では、この不思議な数が、私たちの日常にどのように関係しているのでしょうか？

それぞれの数の心相、波動そしてエネルギーを感じていきましょう。

## ①電話番号で引き寄せ効果

一昔前だと、家族で一台の電話機があり、この一台で外の世界とコミュニケーションをはかっていましたよね。ダイヤル電話機？　懐かしい！　ダイヤルからプッシュになり、今は、一人に一台の携帯になっています。そしてそれぞれが違う番号を持っています。さらに一人一人SNSのツール番号も持っています。

この番号が、毎日あるいは一生付き合っていく番号になっています。

そうです、この自分だけの番号を自分と相性の良い番号にすることも大切です。

では、あなたにとっての運氣アップの電話番号とは⁉

まず、ご自身の中心軸数（リング数）を見てみましょう。

例えば3月25日でしたら、3と5と8。いずれにしても、この中心軸数（リング数）はプラス面が相乗効果で、てき面に表れやすいです！　ただ、マイナス面も状況によって出やすくなりますので要注意です。今までの鑑定例の心相内容、またこれから説明する内容を参考にして、それぞれの中心軸数（リング数）に入っている数字と、運氣を照合してみてください。

また、あなたの中心軸数（リング数）以外の数字でも、お気に入りの数字をチェックしてあてはめてみましょう。

## 〜コミュニケーションは『8』〜

電話となれば、コミュニケーションです。となれば必須数は『8』ですね。

『8』は、心相でもお伝えしていますが、長所が社交性、能弁、機敏に口、手、足を動かします。そのため電話番号にはうってつけです。ホント、滑らかに喋る、電話の向こう側にいる人をイメージできる、そして言いたいことが伝わりやすい『8』です！

## 〜付き合い上手な『3』〜

ＳＮＳがきっかけで、交際スタート？　といった交際上手な『3』がおススメです。人と人を結ぶツールとしての番号となります。出逢い、そして付き合いがスタート、順調に連絡がうまくいくための数が『3』となります。

## 〜縁結びの『6』〜

そして、ご縁といえば『6』です。縁をつなげる縁起の良い数です。この数が入ることで超モテモテ、お声がかかってお誘い事が多くなるでしょう。ご縁は大事、もっとご縁が欲しいー！　と思っている方には、まさに『6』が超おススメです。引っ張りダコになるでしょう。袖擦り合うのも多生の縁ですね。

**～穏やかに過ごしたいあなたは『5』～**

キャピキャピ賑やかなのは、ちょっと苦手というあなたには、『5』がとても落着きます。内々でほっこり過ごしたい人、「5」を生かして、ゆったりと楽しんで下さいませ。現状維持という言葉がしっくりきます。そうです変化は求めません、今のままが良いのです。

**～下三桁が重要～**

そして、どんな並び桁数でも下三桁が、非常に大事な要（かなめ）数字となります。電話番号も同様、下三桁を要チェックしましょう。

**～『2』の勘違い要注意～**

ちなみに、『2』の数が電話番号に入った場合、良い時は気の利いた電話がかかってきますが、マイナスになると、間違い電話や、勘違いしたり、勘違いされたりという事態になってしまいます。

「だから、さっき言ったでしょう〜」とか、「あれっ？　聞いてなかったよ？」と、「言った、言わない」になり、感情的になって電話でケンカして「ガチャンッ！！！」。あまりガチャンとは最近言いませんが、「ツーツー……」と、切れてしまった……とならないようにしましょうね。

**〜『7』は相談される〜**

『2』と同様、マイナス面がでると、勘違いされがちです。ただこの数「7」は賢い数なので、電話でいろいろアドバイスしたり、相談されたりします。「7」は相手に優しく接する反面、気が短いので、「プッツン」する前に先にそっと電話を切りましょう〜。

**〜『4』はわたしをもっと分かって〜〜〜！　と長電話〜**

『4』の場合、相手に理解してもらえるまで喋ってしまいがち。ツイツイ長電話になってしまうでしょう。ただし、さまざまな企画事、提案型の『4』なので、営業関係とか、アドバイザー等には向いている番号と言えます。

つまり最初ルンルンと楽しければ良いのですが、あまりにも長電話になると、お相手もウンザリしてしまいがち？　要注意ですよね。

## ～『1』は力添え数～

そもそも『1』は、この上ない力を持っています。そういった意味で、この数字が三桁の数の真ん中に入った場合は、その前後の数の役割をフォローします。要は力添えをしてくれます。またこの数字は、とどめをさす、決定的なものにするといった意味もあり、決断力に富んでいます。決めたい時は、『1』を下三桁の真ん中に入れて決定打にしましょう。

## ～「クックックッ『9』～♪あおいとり～♪」苦から喜びへと変身！～

『9』ってどんなイメージでしょう？

「苦情事が多いのでは」と。その通りですが、これは紙一重で、良いことに転化します。苦情事に対して粘り強く対処することで、やり遂げたい事柄，想いは叶うのです。

一番力強い、縁の下の力持ち、これ以上の底力はないでしょう。冷静に判断し、結果喜びへとつながります。継続は力なり！　何かを成し遂げたいなら、あえて『9』で勝負をかけてみますか？

## ～「0」は死ぬまで一緒にいてね…～

永遠に変わらず、この状態を保っていたいワ。という意味です。

その場合、下三桁の最後に『0』をもってきましょう。前の数に寄り添って、そのまま続きます。ちなみに『1』と違って、『0』は、優しくそっと後に続きます。

ただし、『0』が三桁の最初にきた場合、前の数がないので、無いというところからスタートになり、無から有を創り出すことになります。「0」は白地の状態ですね。真っ白な状態です。一からスタートする意味合いですので、起業とか初めての事柄などの際、あえて『0』を使う場合があります。

ただ、無いという意味からにして、ない、忘れる、という意味も含まれていますのでくれぐれもご注意ください。

## ②車はナンバープレートが命

車にも性格があります。と言えば、皆ビックリしますが!!

でも、ホントにそうなんです。車に乗ってみて、なるほどって思うことがしばしばです。普通、誰が運転するか、運転次第で車の乗り心地が変わると思いがちですよね。実は、ナンバープレートによって乗り心地はもちろん、気分までも違ってくるのです。

## ～「8」はあなたの足になります！～

電話番号同様、この数はお役に立つ数です。口、手、足が機敏といった意味合いでもあり、特に車のナンバーに入ると、一気に滑らかスピーディー。どこにでも連れてってくれます。

会社の営業車とかに『8』が入ると、「どこにでも飛んで行きます！」って張り切って走ってくれる車になるでしょう。なおかつ売り上げにもつながるでしょう。

一方『8』の数は、賑やかでロマンティックな意味合いもあります。ドライブデートとかはどうでしょう。スローで滑らかな滑り出し運転で、「運転お上手ですね。」なんて言われたりして……。ロマンティックに寄り添ってくれるピッタリな数になります。賑やかなイメージですので、家族でドライブとかにも使えますよね。

## ～「4」はそそっかしくて、ごめんなさい～

ついつい、慌ててしまう『4』。この数が入ったら、誰が運転しようと、慌ててしまいがち。そして、お隣に誰かが座っていようものなら、喋り出したら止まりません。で、「ここはどこ?……道を間違えた!?」となりがちで要注意ですね。

ただ、新しい場所を見つけてくれるのも、『4』。「新しい道。新しいお店。どんどんあっちこっち、まだまだ行ける、行きたいなー」と思ってしまう『4』なのです。前向きな

『4』ですね。

## ～安全運転まかして『5』GO！～

「常に慎重、ゆっくり気をつけますよ、大丈夫、わたしに任してください。」と言っています。安心安全が大事。絶対に危ない橋は渡りません。石橋を叩いて叩いてコッパミジンになってしまいました。そもそも、はなっから渡る気などありませんので、悪しからず。

## ～コツンとあたった『7』～

「いつの間にかぶつけていた⁉　ビックリ～！」ってなことありませんか？　それは、ないでしょ？　ぶつかったらゴリゴリーとか、ゴンとか音が出ませんか。

とは言っても、『7』。人間ですと肩の部分を意味します。車は、前後の角のあたりです。チョッと擦れてコツン、バックする時にガリガリ、要注意です。が、責任感強いですので、組織などの代表者として、損得なしで走りまっせ！

## ～「3」は信念を持って送り届けます！～

なんて、カッコイイのでしょうか。強い信念、根強い活動。この数が入ったら、間違いなし。もう助手席で、安心してぐっすり寝ていても目的地へ連れて行ってくれるでしょう。なんとも自信をお持ちです。堂々たる姿勢で、皆が振り返ります。うっとり～。

**～「6」は写真週刊誌に現場を！　撮られた！～**

この数が入ったら、要注意です。特に写真週刊誌、撮られますから。密会とか得意ですから、パシャリと。

要するに、ちょっと他車と差別化した派手な身の飾りは、陽気で愛される人、愛される車でもあります。周りから可愛がられ羨ましい限りですね。

**～置き忘れ・・・『0』Oo－車を忘れてしまった～**

なんてこった！　忘れ物！　行きは車で、帰りは電車。家路について、「アッ！　車忘れた!?」なんてことには、ならないでしょうけど。

「どこに停めた？　駐車場？」とか、「この道で合っているよね～？　来た道帰り道。」間抜け、筒抜け、ダラシがないってなことにならぬよう、気を引き締めていきましょう。

**～さよなら…バタンと『2』・・・～**

なさそで、ありそな、別れ話を車の中で??　えぇー!?「さよなら……今までありがとっ……」バタン！（ドァを閉めた音）カッツカッツ…（遠ざかっていく）「フゥ～」ため息！

でも、この車、車内はメチャきれいです。整理整頓行き届いています。ゴミ一つありません。指でなぞってもホコリもないです。良いところもあるのです。

**～急『9』ブレーキ!!～**

あせるべからず！　えぇカッコしぃー、人に自分を良く見せたいタイプですね。見栄っ張りなんだから……。隣に車が並んでも、意識しないように、まして競争などしないでくださいね。ついつい、ブヒブヒ言わせてませんか？　焦りと暴挙が一転し、虚栄の心が命取りにならぬように。

いつものように、人、物に動ぜず冷静でいましょう。それこそが、あなたの良いところなんだから。

## ③預貯金は暗証番号から

これは、一番気になりますよね。まず目的と方法を絞り込んでいきましょう。

預貯金を増やしたくないと思う人は、いない？　少ないと思います。

いずれにしても増やしたい人は、どういう手順で増やしていきたいでしょうか。自分に問いかけてみましょう。自然に？　コツコツ？　確実に？　引き寄せたい？　早く？

**～「5」は自然に、いつの間にか貯まってた!?～**

預貯金を増やすことにあまり積極的ではなく、どちらかといえば消極的な『5』のタイプです。貯めることにあまり興味がない、計算苦手、でも気が付いたら貯まっていたみたいな感じがこの数字に合います。ナチュラル派、自然体で『5』。

**～「9」はじっくりコツコツと、時間をかけたい場合～**

急いでいません、目的に向かって時間をかけて、できる範囲でじっくり粘ってコツコツと貯めていきたい。そして焦らず冷静に、ゆとりを持ちながら貯める方が向いてるワ！といった方には、『9』がおススメです。

**～「3」は超確実に計画性を持って貯めたい場合～**

計画性を持って、確実に進めていきたい場合は『3』ですね。着実に発展、繁栄、完成していくでしょう。抜群の安定感です。

最近では、年金額を増やす方法とか、新たに年金を受け取れるようになる制度とか、さまざまな情報がありますよね。気になるところです。まだ先と思っていても、すぐそこ、あっと言う間に。確実に情報収集、計画を立てることはとても大事です。

この数字は、他に投資、株、仮想コインなどいろいろな手段を検討していきます。ただ貯蓄に熱中するあまり、度を越してケチになってしまうと人の信用も関係してくるので注意しましょう。

**～お金を引き寄せたい！　魅力『6』的になって～**

とにかく引き寄せの法則にそって、銀行口座にお金を引き寄せて貯めていきたい願望がある場合は『6』です。『6』を選んだ場合は、口座番号を6という数字であからさまに目立たせて、シナを作り誘惑もいとわない覚悟です！

**～とにかく『8』早く『1』一気に増やしたい場合～**

スピードを求める場合は『1』です。早く、力強い、思い切りの良さは抜群です。

そして稔り、収穫、豊作、金運で、どんどん貯蓄を加速していく場合は『8』が登場してきます。『8』、次に『1』、ときて、確実にたまりました。『8』『1』と並びがおススメです。

では、その結果どうしたいですか？　なになに？　結果も大事ですので。

## 貯めた後の結果貯めたまま？　いったん置いておく？　有効活用する？

**～『3』の場合は、もちろん貯めておきます！～**

いったんは貯めます。今後もずっとどんどん貯めたいです、の場合『3』です。しかし、ガツガツになりやすいので注意しましょう。惜しい、欲しいと片意地になり、貯めることに凝り固まって頑固一徹にならぬように。ほどほどに、息抜きしながら、入れ替え、出し入れして『吉』ですので。

「行ってらっしゃい～、またお友達連れて帰ってきてね～、大歓迎だからね。」って言いながらお金を送り出しましょう。

**～『5』はそっと静かに置いておきたい場合～**

そもそも、最初から使う予定がなかったわけであり、今後もあればいいかな～的な感じで、そっとしておきたい場合は『5』。たまには、思い出して下さいねー。

**～有効活用！活躍『8』します～**

目的もしっかり！　有効的にどんどん使っていくのは『8』ですね。気持ちが良いですね。社交性有り、機敏で八面六臂で向かうとこ敵なし！　外に向かって羽ばたいて意気旺盛！　口、手、足を機敏に動かし、また口コミで噂を聞きつけ有効に使います。賑やか、というのが嬉しい響き！　幸せ一杯！

しかし、思惑による嘘に乗って、つかの間の幸せに終わらないよう、要注意！　口車には乗らないようにしましょう。

## ④運氣の上がる健康数

健康は気になるところですよね。誰でも体にちょっと弱いところ、持病って持っていますよね。弱いところは、逆に強くもあり、紙一重で強弱は変わります。

病気になる予防もかねて、そこを深堀していきましょう。弱いところを知って強くすることで運氣アップしましょう。

### ～あなたの『持病数』は？

まず、影響数はやはり中心軸数（リング数）です。タイムステージ数も年代によって影響します。それぞれの数をチェックして、以下の数字に該当する持病に注意していきましょう。

〜『1』の持病〜

頭部、脳の病、熱病、高血圧。

人間の身体で一番上の部分があてはまります。もしかして、頭痛持ち？　毎日、決まった時刻に血圧チェックしましょう。

〜『2』の持病〜

鼻、呼吸器系、肺、喉（風邪）、乳腺炎、喘息、鼻炎、花粉症、蓄膿症、扁桃腺炎、肺気腫、肺炎、気管支炎。

人間の身体で、頭部の次、喉から下にかかわる箇所ですね。

帰宅後は、うがいはもちろん、念入りにゴロゴロッペッと、しましょうね。マスクも必需品、お口の中は乾燥しないよう、常に潤った状態が望ましいです。乾燥時期は寝る前に、お口の中にゼリー状のクリーム等を塗れば緩和されるので良いでしょう。乾燥するとお口から菌を引き寄せますから。引き寄せ違いに要注意！

〜『3』の持病〜

顔、胃、黄疸、肝臓、胆石、胆のう、食物、食道炎人間の身体で、顔と、胃のあたりにあてはまります。

顔は相手に第一印象を与える大事なところです。顔色、ツヤ感とかも気になるところ。食べ物も影響しますね。好き嫌いなく、よく噛んでいただきましょう。年に一回は胃カメラでチェックしましょう。

## ～『4』の持病～

目、心臓、寝不足、疲労、高血圧、心不全、狭心症、不整脈、心筋梗塞、眼球疾患、近視、色覚異常。

人間の身体では、目と心臓あたりですね。

すべて寝不足が影響します。良質な睡眠を心がけましょう。寝たら良い、だけでは改善されません。あくまでも睡眠の質が大事です。体をいたわって大切にしてくださいね。

## ～『5』の持病～

胸部、骨格リュウマチ、神経痛、冷え込み、筋肉の病、低血圧、骨折、骨髄炎、脱臼、骨膜炎、肋膜炎。

人間の身体で胸あたりと筋肉、神経です。

女性は特に冷え性の方が多いです。病は冷えからやってきます。暖かくしてください。

防寒は大事ですよね。

## ～『6』の持病～

耳、皮膚、筋肉、吹き出物、性病、おたふく風邪、湿疹、じんま疹、筋無力症、難聴、耳鳴り。

人間全身の皮膚部分。耳は、バランスとの関係が重要視されている三半規管なども該当部分です。根本の原因はやはり、ストレス・睡眠不足・疲労・気圧の変化などがあると考えられています。『6』の方々の男女間の交流については、慎重過ぎてちょうど良いくらいですね。

## ～『7』の持病～

肩、背、腎臓、熱病、疲労、寝不足、癌、怪我、腎不全、急性腎炎、肩凝り、膀胱炎、背痛。

肩凝りはよく耳にしますね。ここでも、寝不足が入っています。やはり良質の睡眠で、いろいろ緩和されることもあるようです。

『7』の方は、言葉使いにも気を使いましょう。割とストレートで、ズバっとしたコミュニケーションを得意としますが、時たま言葉にトゲがあったりして、それはそのままブーメランで自分に返ってきます。グサッってきますから要注意ですよね。

## ～『8』の持病～

口、歯、手、足、腱鞘炎、歯痛、虫歯、口内炎、歯槽膿漏、舌の異常、手足の震え、麻酔の影響、食物関係の影響。

人間の身体で一番良く動かして使うところですね。

口の中、歯もしっかり磨きましょう。老化は歯から始まります。自分の歯でこの先もずっとお食事できるよう、しっかり今からケアしておきましょう。歯を噛む動作により、唾液も出て、認知症予防にも良いです。

## ～『9』の持病～

腹部、腸、盲腸、冷え込み、糖尿病、すい臓炎、十二指腸潰瘍、腸閉塞、腸捻転下痢、便秘、胆石、消化不良、食物関係の影響。

人間の身体では、内臓関係です。

ここでも、冷えは大敵です。足、腹部、首回りは暖かくしておきましょう。

万年便秘の方、生活習慣から見直してみませんか。どこに原因があるか探ってみましょう。

～『0』の持病～

腰、子宮、糖尿病、低血圧、泌尿器、生理痛、冷え込み一切、痔疾、尿道疾患、尿毒症、精力衰退、婦人病、前立腺肥大、倦怠感。

人間の身体で腰から下です。

『9』に続き『0』も冷え込みがきましたね。『0』の冷え性は非常にキツく、慢性化して、慣れてしまっているのが問題です。特に女性の場合、婦人科関係の病は最近多いですね。男女問わず気がつかない内にジワジワとバランスが崩れやすい数字ですので、早めのチェック必要ですね。

## ⑤運氣の上がる位置

身近な場所の運気はどうでしょう。上下、高低、前後、左右、内外などの位置を見ていきます。ここでは、質問に対して流動鑑定の回答数をもとに判断していきます。

～探し物は何処に?～

「今までここに置いていたのに、どこに行ったのかしら?」とかありませんか? 日常いつも探し物をしている方いませんか？　もしかして、それは荷物が多いから？　などと思ったりして……横道に逸れましたが……。

最初に、ちょっとした探し物がある位置を見ていきます。

まず、質問をする方、あるいは当事者の位置を確認してください。

その位置から、それぞれの数字に対応した方向を示していきます。

『1』上、高、前、左、内
『2』上、高、前、右、外
『3』上、高、前、左、内
『4』下、低、前、右、外
『5』下、低、前、左、内
『6』上、高、後、右、外
『7』上、高、後、左、内
『8』下、低、後、右、外
『9』下、低、後、左、内
『0』下、低、後、右、外

例えば、流動鑑定の質問で『外した指輪は、どこに置いたのでしょうか？』とあった場合、または、身近な探し物に対しての回答とかも、この方向を参考にできます。
高、低とかは、デスク、タンス、キッチンとかの場所、左右は、身近な左右などの場所が判断目安になっていきます。

## ⑥運氣の上がる量

**～あなたの器量は、どんだけ～**

『1』多い『2』多い『3』多い『4』少ない『5』少ない『6』多い『7』多い『8』少ない『9』少ない『0』少ない

こちらは一般的な多い、少ない、の量です。こちらも質問に対して流動鑑定の回答数をもとに判断していきます。

「己を以て人を量る」と言われていますが、人はとかく自分を基準にして、他人のことを判断しがちですよね。そうではなく、おこがましいようですが、「鑑定を以て人を量る」……神綾鑑定法では、諸々の数字を参照しながら鑑定して、その人の運気（人徳）を量ります。鑑定という客観的な方法で運気（人徳）の量を量るわけです。ただし、鑑定の質問の流れによって量の回答内容は変化します。

## ⑦運氣の上がる方位

方位とは、東西南北三六〇度の方向です。例えば行き先を決める際、どちらの方向が吉方なのか、ふと思うことありますよね。

今年の吉方向を占っている本とかも、目を通したりしませんか？　で、吉方なら、この方角は、きっと良いことが起こるに違いないわ、と期待に胸が膨らんでしまいます。反対に鬼門だと、出発をあきらめたりしていませんか？

易法によっては、絶対にダメと決めつけて、ワザワザ一旦拠点を変えさせ、そこから改めて出発する、といったこともあるようです。これまた大変です。

神綾鑑定術では、流動鑑定にて、質問の行き先に対して吉凶を出す場合と、シンプルにどの方角が良いかと回答する場合があります。

また、「絶対足を踏み入れるべからず！」とかではなく、避けることが難しい場合は、注意事項をお伝えし、より良い方角に流れていくようにメッセージさせていただきます。

ただし、方位についてはは流動鑑定が基本になり、質問に対しての吉凶になりますので、方位の良し悪しをすべてに当てはめることはできません。あくまで、参考までにご覧ください。

## 〜東西南北〜何処に導かれる?

まず、質問する方の現在の住所(住所登録している場所)、または主に過ごしている場所を確認してください。その位置から以下の方位が割り出されてきます。

『1』天『2』北『3』北東『4』東『5』南東『6』南『7』南西『8』西『9』北西『0』地

例えば、流動鑑定の質問『引越しは、どこの方角が良いのでしょう?』に対して、答えが『980』と出たとしましょう。9＝北西、8＝西、0＝地

現在の住所から見て、西北西の間あたりが安定した住み家となるでしょう。

ただ、家族で引越しする場合は、家長が代表となります。もちろん土地家屋を購入する場合は名義人での鑑定となります。

さらに、行動は、時期とリンクします。

良い時期に、良い方向に移動すると、相乗効果が期待できるのです。

## ⑧運氣の上がるスタート時期

『すべてタイミングありき！』とも言いますが、時期、機会等には、好機というものがあります。例えば、『千載一遇のチャンスだ！』というように、好機を逃すな、ということわざもあります。

『好機逸すべからず』『思い立ったら吉日』『得手に帆を揚げる』……チャンスを逃さず、その波に乗ること！　自身の得意としている分野、技を発揮する良い機会が到来したら、ここぞとばかりに事を行う！　そうなのです！

では時期とはいつでしょうか？　そしてスタートはどのように判断すべきなのでしょうか？　あと一歩というところで躊躇して踏みとどまったり、逆に早まったりして失敗します。でもそれは、後で振り返って感じることですよね。

では、事前にある程度この時期がわかっていたらどうでしょう。

心の準備もでき、ゆとりを持ってスタートできますよね。

## ～神綾鑑定術の運氣アップの好タイミングとは？

まずバイオリズムを見てみましょう。バイオリズムは大きく分けて、年、月、日、時間の単位で周期的な波になっています。たとえば、呼吸運動のように秒単位でのリズム、分単位でのリズムもバイオリズムと言います。また、睡眠も一日のバイオリズムと言えます。長い周期だと女性の排卵もそうなりますね。ではここでの、運氣アップのバイオリズムとは、何でしょうか。

まず生まれてからの各年代の周期での流れの中で、年ごとの長いスパンでの大きなバイオリズムの波があります。

次に月。一年は一二ヶ月ありますから、その各月ごとの運氣、バイオリズムの波が出てきます。

次は、日。一ヶ月は三〇日、三一日、または二月は二八、二九日と異なりますが、それぞれの日ごとにバイオリズムの波の変化があります。

そして、一日。一日は二四時間あります。時間ごとにバイオリズムの波の変化があります。

細かくなりますが、時間の中の分、秒にも波が出てきます。

では、このバイオリズムの曲線から、一体何をどう読み取ったら良いのでしょうか。

神綾鑑定術の場合、基本的に『氣の流れ』すなわち『精神』『身体』でのバイオリズムの波をチェックしています。波を曲線で表し『±〇』を基準線で水平にし、上側の高い位置を『＋プラス』、下側の低い位置を『－マイナス』としています。『〇』より上側の高い位置は、上昇、エネルギッシュで活動的という意味です。また下側の低い位置は、下降、停滞、不安定、充電期といった意味になります。

このバイオリズムを読み、上昇の流れの時期を活動期の期間に集中して作業をするとか、事前に下降時期をチェックして、重要な事柄とかも避けたりもできるのです。

神綾鑑定術のそれぞれの上昇下降時期とは、後ほど詳しく説明していきますね。

上昇時期⇓新氣運年、月、日、時間とし、活動期で気力に満ち、運氣アップのスタート時期と表しています。

下降時期⇓八方塞がり、裏鬼門も含まれ、リズムが不安定になり注意散漫、集中力にも欠け、体力低下につながってくるため、充電期と表しています。

**～タイミングがいいのは、新氣運年、新氣運月、新氣運日、新氣運時間～**

第3章でふれましたが、それぞれの年、月、日、時間の中に新氣運という考え方が存在しています。

新氣運とは、宇宙の働きがスタートする『1』の位置に立っていることを意味しました。宇宙のスタートである『1』はものすごいパワーがありますから、この勢いに生き方をゆだねると、好機に恵まれ幸福へとつながります。

新氣運はスタートするのに絶好な環境が整っていて、スムーズに事も運び、縁に恵まれ、成果が時短で表れます。

引越し、転職等もしかり。人生の中でエネルギーを使う事柄ですよね。新氣運年、月とかに行動を起こすことで、将来ともに良い環境に恵まれ、仕事、対人関係も楽しくなり、運氣がどんどん上がっていくでしょう。

仕事面では、例えば商談日の設定の際、新氣運月、日、時間とかで設定すると、集中でき、打合せ等々がスムーズに運び、まとまりやすくなるでしょう。

要するに勝負日だー！　とか、何か大事な予定日とかは、事前に新氣運日、時間をチェックすることで、リラックスして思い通りに事が運びやすくなるのです。

このバイオリズムを上手く使いこなすことができれば、自身の調子を知ることができ、職場の人間関係が円滑になり、仕事の成果も含め、さまざまな面で役に立ちます。

いつが新氣運なのかは、流動鑑定を実施する際にお知らせしていますが、ここでは新氣運年の一部をお伝えしましょう。

パワーがある『1』が新氣の始まりです。したがって、数え年齢でも『1』が入った年齢は新氣運年とみています。たとえば、11、21、31、51、61、71、81、91歳といった下一桁代が『1』の場合は、新氣運年になります。他に29、32、38、47、50、56、65、74、

83、92歳も実は陰に『1』が隠れていますので新氣運年にあてはまります。
※ただし47才は基本、因果玉の整理の年回りであり、通常の新氣運年と異なってきます。詳細は第三章の「あなたの人生の流れを知ろう」を参照してください。
また新氣運月、日、時間の計算方法は複雑になりますので、詳しくは神綾鑑定術の養成講座の方で個別に伝授しております。

**〜婚期〜**


独身の方、気になりますよね。既婚者の方も要チェックです。

ただ、婚期の意味合いをもう一度確認しておきましょう。世間一般では、女性が結婚するのに適した年頃を婚期と呼んでいます。そして婚期を逸する、逃したとか、世間は平気でとやかく言ってきたりします。すると、同時に焦る女子もいたりします。

年齢とか、子供を産むタイミングをもとに、結婚はいつがふさわしいか、などと一般論で言われることが多いようですが、皆が皆、同年代で結婚するかと言えば、そうではないですよね。それぞれのご縁で結ばれるというのが、世の常です。

すなわち世間一般の婚期の意味とは、単に実際に結婚する時期ということでしかありません。

世間一般の年頃で結婚した方が、みんな幸せになるのでしょうか？

なんだか、ちょっと違和感があります。最近は離婚率も増えてきていますし……。

一方、神綾鑑定術では、生年月日から婚期を出していきます。

婚期といっても、一回ぽっきりではないです。一生、数年ごとに巡ってきます。ラッキー！

なぜなら、神綾鑑定術の婚期とは、結婚する日、結ばれる日だけではないからです。男女問わず、年齢関係なく、その時に必要な方とめぐり合うということなのです。

このめぐり合うタイミングが重要です。

あるタイミングで、引き寄せ合う！　良いメンターと出合う！　良いビジネスパートナーとめぐり合う等々があります。良い時に感じの良い人と出合ったとか、体験ありませんか？　いつもと同じ電車だったら会わなかったけど、今日は遅れて良かったとか。タイミング良かったなー　とか。なぜかその日に気になっていたお店に入ると出合ったとか。

もちろん直感、シンクロニシティも働いているのでしょうが、事前にこのタイミングを知っていたらどうでしょう。タイミングを意識するので、自ずとバリバリ引き寄せますよね。すると、また、開けてきます。強力な磁石のように。

このタイミングで出合った人は、男女問わず長いお付き合いができます。

出合って、直ぐにサヨナラではなく、じっくり付き合える仲間パートナーなのです。

結婚という形ならば、男女のどちらかが、婚期に入っていればゴールインしやすいです。

いずれにしても、事前に知っている方が、断然良いですよね！

個別にご相談いただくと、神綾鑑定術では流動鑑定でそれぞれのタイミングの時期をお答えできます。

ちなみに、一家で、一年の間に、兄弟または姉妹が二人とも結婚するのは、避けた方が良いと言われています。それは、幸運が半減するという意味でもあるからです。

**～八方塞がりとは～**

バイオリズムには波があります。

ずっと同じではなく、上昇、下降、勢いがあったり、早い、スロー、どんよりしたりと、リズムも変わります。

勢いよく上昇する時期もあれば、ちょっと休憩、じんわり下りて行きましょうといった流れもあります。

ここでは下り時期、束の間の休息の時期を見ていきましょう。

まず、厄年という考え方があります。男女にあり、男性と女性の厄年は異なっています。さまざまな厄災に遭う率が非常に高いといわれますが、厄除け参り等の根強い風習は地域や宗派によっても多少異なっているようです。

しかし八方塞がり（はっぽうふさがり）とは厄年と違い、読んで字のごとく、四方八方が塞がれている状況です。なんだか、窮屈なネガティブなイメージですよね。

そうです、この時期は、バイオリズムが下降時期に入っているのです。

ただ、全く塞がれて身動きできない状況、という意味とは少し違います。何もかもがマイナス要素ではないのです。

つかの間の休息なのです。

この時期は、密に計画を建てたり、また例えば転職に向けてのスキルアップ期間になります。いつも外に向けてアクティブに動いているところを、今一度内面に向けて自分自身を見つめ直す時間を取る時期なのです。

動より静。自身の整理整頓、断捨離も良いでしょう。自分を見つめ直して、もう自分にそぐわなくなった古い価値観を取り除いたり、たくさん抱え込んでいたデーターも捨てる。知らず知らずにコップ一杯になったものを取り除いていく作業の時期でしょうか。

漁師さんも、嵐、台風とかで海に出られない時は、網を繕ったり次の漁の支度をせっせとしていきます。

大事な時間帯ですよね。一人の時間も増やして、瞑想も良いでしょう。自然に時期が来ればいつでもスタートできる準備期間なのです。

では、八方塞がりは、いつやってくるのでしょうか？

一生のバイオリズムの中で九年に一度巡ってきます。数え（今年の誕生日を迎える年齢に一を足した年齢）年の年齢の二桁の数を足すと十になる年回りが八方塞がりです。つまり19、28、37、46、55、64、73、82、91歳となります。そして八方塞がりは他にも、一ヵ月、一日、一時間の中にも、バイオリズムで流れてやってきます。めぐりめぐってきますので、その都度自身を調整すると良いですよね。

## ～裏鬼門とは～

もう一つ、束の間の休息時期があります。裏鬼門《うらきもん》と表現していますが、家相学、方角とかによく使われていますよね。やはり名のごとく、忌み嫌われるイメージがあります。神綾鑑定術では、この期間は、突発的な出来事が多く、苦情事、問題発生、物事が滞る等々、また健康面でも運氣が停滞気味になる状態を表わしています。

八方塞がり同様、自発的に動くことは避けた方が無難であり、念には念をいれた慎重な行動が求められます。つまり、この時期にこそ氣の流れを良くすることが望ましく、家相なら部屋の整理をしたり、人なら自身の想い、氣の流れを整理する必要が起こってきます。自分を安定させバランスをとる内面への時間が必要となってくるのです。

自分の身体のなかで、正しく行動することを拒否している意識の部分を直視し、見直し、修正、克服しなければなりません。

見直すという意味では、本当の目標を見つめ直していくことこそが、真の謙虚さにつながるのではないしょうか。

では、裏鬼門年は、いつやってくるのでしょうか？　八方塞がり同様、一生のバイオリズムの中で九年に一度めぐってきます。

数え年で年齢の二桁の数を足すと七になる年回りとなります。16、25、34、43、52、61、70歳となります。

そして裏鬼門は一生のバイオリズム以外にも、一ヶ月、一日、一時間の中にも、バイオリズムの波がやってきます。めぐりめぐってきますので、事前チェックして備えましょう。

## ⑨運氣の上がるお守り数

### ～あなただけの、お守り数を作ってみよう～

前章で『わたしだけのリング数』、『オーラ守護数』をお伝えしてきました。

この数を取り出し、オリジナルで組合せながら作っていきましょう。

この数たちは、生まれた瞬間から授かった特別な数字なわけで、自身の性格、運勢の秘められた凝縮版なのです。あえて身近に置くことで、バランスを保つことができるのです。例：リング数３・５・８守護数：０の場合、５３８３８０とか、３５８０８０とか、８５３３３０とか、５０５０５０！　等々。

神綾鑑定術の回答は下三桁ですが、お守り数の桁数は自由です。四つの数の中からお好みで自由自在に並べてみましょう。常に身近に置くことで愛着も湧き、なじんできます。

ユニホームの背番号とか、他にも目につきやすい場所に飾りましょう。

私たちはたくさんの『数字』と一緒に生活しています。何気なく使っている数字を『お守り数』に変えることで、数字に守られている不思議な感じが生まれ、安心できます。また、何かを始める前のルーティーン数として、声にそっと出して呟く数としてもＯＫ！

あなただけの言霊数として、その数の波動が響き渡るでしょう。

第六章

# 『流動型鑑定』は生きている！

## 数字が噴水のように〜

先ほどの第三章の目的地までの深掘法でもお伝えしている『流動型鑑定』。こちらを改めて説明したいと思います。

私が、この鑑定に出会った時、その形式は対面鑑定でした。

まずは一通り、『固定型鑑定』での基本の説明があった後、鑑定師の先生は引き続き目の前でスラスラと計算して、次々に数字を編み出していきました。

「これって何？」と思ったものです。

数字がどんどん噴水のごとくわき出てきて、どんな計算方法なんだろう、と最初は思いました。自分の質問より、目の前のさまざまな数字に対して、何なんだ？？？と興味津々。先生が「ん〜、これはこうだ！」とか「なるほど〜」と、フムフム言いながら内心ドキドキしたものです。

さらに、わたしの質問に対してももちろん即答！

「〜だね！」

早っ!?

そうなんです。即答は神綾鑑定術の得意としている占術。実はこの『流動型鑑定』こそが神綾鑑定術の神髄ともいうべき占術なのです。

初めて出会った時、流動型鑑定は数字が紙の上で楽しそうに踊っている（？）ような感じでした。と、同時に謎だらけの計算方法。どうしても知りたくなってしまいました。

そしてとうとう私はこの『流動型鑑定法』の虜になったのです！

ということで、ここでは、最初の計算方法の初級の一部を紹介したいと思います。

## 今、この瞬間の時間で〜

『流動型鑑定』は字のごとく、流れて動いています。今のこの瞬間による鑑定なのです。今日の今の時間を生きている、呼吸をしている鑑定なのです。

ですから、結果の答えも一瞬で過去になってしまいます。そう、あたり前のことですが……。

神綾鑑定術の『固定型鑑定』は、建物でたとえると、『骨組み』にあたります。それぞれの年代表のタイムステージが、鉄筋だったり、木造だったり、レンガとか藁葺と、個性があります。

そして、『流動型鑑定』は、その基礎の『骨組み』からどのように細部を組むのが適切か？　あるいは損傷を受けた場合どうするか？　また、ケースに応じて、どのよう組み替えて連結させると良いか？　などいろいろな組み方を模索しながら進めていくのです。

人間は常に動いていています。関節を曲げたり伸ばしたりと、さまざまな動作を作り出しています。ですから『流動型鑑定』も、その都度、動きに応じたメッセージが回答となってきます。

人間の顔でたとえるなら、顔立ちはある程度は変わらないけど、顔つきは環境、その他の状況でどんどん変わってくるという事実にも近い部分があるかと思います。

## ～現在・先行き・結果～

結果とは、今までの出来事の流れの中で生まれてきます。また、今の状況があるから、将来、結果が結実します。このことだけを考えると、今の状況を把握していれば、将来の結果は予測できるかもしれません。

しかし、実際にはなかなかその通りになりません。

現在の状況が良い場合でも、先行きそのままスムーズに行くと限らないし、二転三転して良い結果になったり、悪い結果になったりします。はたまた、現在の状況が悪くても、先行き好転し、非常に良い結果になる場合もあります。そこには、さまざまなストーリーが何百通り？　いやもっとあるかもしれません。

そして常にいろいろなケースで、いろいろな選択があり、その都度、何本もの道が分かれています。

将来への見通しというのはとても不安定であり、あなたの選んだ道筋により左右されます。

神綾鑑定術は、この将来への選択にあたって、その道標になります。

たとえば第三章でお伝えした目的地までの道のりについて、近道を選ぶか、あるいは遠回りを選ぶかはあなたの選択になりますが、その際の選択の基準に、『固定型鑑定』での中心軸（リング数）での、あなたの『強み』でもある性格、または『タイムステージ』の環境が影響されてくるのです。

さらに『流動型鑑定』は、もっと突っ込んだ深堀メッセージとして、現在・先行き・結果といった三桁の数字の流れで答えを計算しながら、現時点での道筋そのものを即答していく占術なのです。

しかしながら鑑定の答えそのものも、受け入れるかどうかは、それこそあなたの選択になってきます。

## 『現在』の答えの出し方～

では、三桁の数字のいちばん左側ににあたる今現在の状況は一体どうでしょうか!?

実際に答えを出してみましょう。

問いかけ（質問）の対する回答は、実際感じている状況と、鑑定での答えが同じとは限りません。実際感じている状況には、自分はこうだ、といった思い込みとか、不確かなさまざまな情報が入っていて、バイアスがかかっています。

よって鑑定の回答を客観的に見ていくことが、重要になってくるでしょう。

〈例一〉

まず、数え年、今の月、日、時間で出してみましょう。

あなたが50歳、本日が、8月1日、午前8時の場合

※質問：仮に今の健康状態と問いかけてましょう。

①まず全てを足します。

$$\begin{array}{r} 50 \\ +\ 8 \\ +\ 1 \\ +\ 8 \\ \hline 67 \end{array}$$

②次に歳と月を足します。

$$\begin{array}{r} 50 \\ +\ 8 \\ \hline 58 \end{array}$$

③次に歳と月と日を足します。

$$\begin{array}{r} 50 \\ +\ 8 \\ +\ 1 \\ \hline 59 \end{array}$$

④最後に、この①②③の３つの数の右側のみ足します。

$$\begin{array}{r} 67 \\ +\ 58 \\ +\ 59 \\ \hline 4 \end{array}$$

（右側の足した一桁の数）

**⑤この数『4』が、健康状態の『現在の回答』となります。**

※流動鑑定では、三桁の数がセットで回答していきます。
三桁とは左から現在・先行き・結果という流れです。

今回の計算式はその中の最初の『現在の回答』となります。

『4』:『心相』を参考に見てください。
◎前向きなひらめきがありそうな予感がします。向上心あり、気持ちはオープンな状態ともいえるでしょう。
ただ、やや、寝不足気味……。なにか落ち着きのない状態、心配ごとも見え隠れしている状態。

最初の鑑定は、何時、という単位の数字でスタートしていきます。しかし同じ年での二回目の鑑定からの質問は分の単位の数字も入れていきます。


いかがでしょう?

自分自身で、自分の今の状態をみることは、客観的な感覚でワンクッション置いている状態ですので、非常に冷静な判断ができるでしょう。

ただ、時間と状況は常に流れていますので、この回答が全てとは言えません。あくまでも状況の参考におさめてください。

たとえば器に液体が入っているとしてオタマで、うわずみ液の上側を軽くすくった感じです。中身の液体がどのような状態かは、さらにすくってみないと分かりません。ただ、立ち止まって、見つめ直すことは、非常に大事です。そういった意味で、この『現在の回答』はさまざまな事柄に参考になるでしょう。

〈例二〉

まず、数え年、今の月、日、時間、分で出してみましょう。
あなたが50歳、本日が、8月1日、午前8時35分の場合
※質問：仮に今の仕事の状態と問いかけてみましょう。

**①まず全てを足します。**

$$\begin{array}{r} 50 \\ +\ 8 \\ +\ 1 \\ +\ 8 \\ +35 \\ \hline 102 \end{array}$$

**②次に歳と月を足します。**

$$\begin{array}{r} 50 \\ +\ 8 \\ \hline 58 \end{array}$$

**③次に歳と月と日を足します。**

$$\begin{array}{r} 50 \\ +\ 8 \\ +\ 1 \\ \hline 59 \end{array}$$

**④最後に、この①②③の３つの数の右側のみ足します。**

$$\begin{array}{r} 102 \\ +\ 58 \\ +\ 59 \\ \hline \mathbf{9} \end{array}$$

**（右側の足した一桁の数）**

**⑤この数『９』が、仕事の状態の『現在の回答』となります。**

※回答：『心相』を参考に見てください。

◎粘り強く、コツコツ真面目にやっている状態。

×バタバタと忙しく、ややもすると焦って、やけっぱちになっている状態。

この例は、同一人物の方の鑑定として、二回目ですので分まで入れて出しています。今をみて、◎の状態なのか？　×の状態なのか？　自身の心の状態も顧みることもできるでしょう。

〈例三〉

まず、数え年、今の月、日、時間、分、秒で出してみましょう。

あなたが50歳、本日が、8月1日、午前8時35分53秒の場合

この場合、立て続けに1分内で鑑定する場合は、秒までチェックします。

※質問：仮にAさんとの対人関係と問いかけてみましょう。

**①まず全てを足します。**

$$\begin{array}{r} 50 \\ +\ 8 \\ +\ 1 \\ +\ 8 \\ +35 \\ +53 \\ \hline 155 \end{array}$$

**②次に歳と月を足します。**

$$\begin{array}{r} 50 \\ +\ 8 \\ \hline 58 \end{array}$$

**③次に歳と月と日を足します。**

$$\begin{array}{r} 50 \\ +\ 8 \\ +\ 1 \\ \hline 59 \end{array}$$

**④最後に、この3つの①②③の数の右側のみ足します。**

$$\begin{array}{r} 155 \\ +\ 58 \\ +\ 59 \\ \hline \mathbf{2} \end{array}$$

(右側の足した一桁の数)

**⑤この数『2』が、Aさんとの関係の『現在の回答』となります。**

※回答：『心相』を参考に見てください。

あなたにとってAさんの存在が、どのような関係性にあるか、という視点からの回答となります。

◎あなたはAさんに何かと世話をやいている状態。

×Aさんのことが気になっている、気に入らないところがある。感情的になっている状態。

現在のあなたの状態が、客観的にみられます。この◎×の回答で、感情的になっていると思えば、ちょっと冷静になろうとか、気付きが生まれてきます。

そして、対人関係の場合は、片方のみの鑑定ではなく、相手側も同時に答えを出すことが望ましいです。その場合は、同様に相手の方の数え年、今の月、日、時間で出していきます。

相性の場合は、特に先行き、結果が気になるところ。たとえ現在の答えが出ても、変わってくる可能性ももちろんあります、先行きの数字の影響もあります。『タイムステージ』『固定型鑑定』と両方でチェックしてみましょう。

同様、この鑑定にも、時間の流れによる一つのストーリーが生まれてくるのです。

## 『流動鑑定』は生きている〜

さぁー、今、鑑定のスタート地点に立っています。この一桁目の『現在の回答』は、最初のほんの一部です。この現在から今この瞬間、『先行きの回答』へと流れて『結果の回答』へと繋がり『三桁の数』が算出していきます。

これから深堀が始まります。質問に対して会話（対話）しながら進めます。この対話相手は、お相手だったり、自分自身だったりとなりますが、いずれにしても問いかけるというコミュニケーションは、非常に大事になってきます。そして、この瞬間もどんどん時間は流れています。今の回答が、すでに過去になっていきます。

次は？　先行きはどうなるの？　結果の見通しは？

『答え』は生きています。

生きているという状態を、文章で表現するのも、本来矛盾した営みであり、実際のところ不可能です。

例えば目の前で、犬が寝ているとします。これを表現するには、「今、犬が寝ている」と表現しますが、次の瞬間、この犬は起きて歩き出すかもしれず、その瞬間では、先の文章は間違っていることになります。

生きている答えは、「流動型鑑定」で、鑑定者との瞬間、瞬間の対話から正しく導き出して文章化するのが理想です。したがって、以上の文章も非常にわかりにくくなっていると思います。

もっと神綾鑑定術を「深堀」されたい方は、191ページ掲載のホームページまでご連絡ください。

養成講座などで、伝承というスタイルでじっくりとご説明いたします。

# 【シミュレーション】西郷隆盛と大久保利通を鑑定してみる

神綾鑑定術が紡ぐ宇宙数の物語が、実際の人物たちの生き方にどのように表れているのでしょうか……幕末から明治期を駆け抜け、お互いの生き方が濃密に交錯した二人の偉人、西郷隆盛と大久保利通に焦点を当て、鑑定してみましょう

幕末……日本は、アメリカを始めとした列強各国の強大な力を前に、このままでは滅亡するかもしれないという危機的状況に置かれていました。この状況に、ある者は旧来の徳川幕藩体制のために戦い、ある者は根本的な変革を求めて立ち上がりました。この時代、日本は約三百年の姿、形を根本的に問い直されていました。

『未曽有の国難』の時代です。

この時、薩摩藩から二人の英雄が登場しました。

二人は手を携え、新しい国づくりのため、生命のすべてをかけて戦い抜きました。

西郷隆盛、大久保利通です。

【西郷隆盛の総体運】
1828年1月23日生まれ
※中心軸数（リング数）【1・3・4】
※タイムステージ1827年
【4972】・1828年【5229】

1月生まれは前年度の影響も多々ありますので両年の数字でみていきます。

中心軸数（リング数）:『1』の影響が大。常に高い志を持ち、思い込んだら一直線に猛進していきます。強みとして指導者の資質を充分に備えており、苦闘を嫌とも言わず、さまざまな場面での付合い、交渉をうまくやりとげていきます。閃き直感鋭く、周りに対して常にオープンに接します。

タイプ別としては『中立的タイプ』橋渡し的タイプで、人と人を結びつける役目も持っています。

【大久保利通の総体運】
1830年9月26日生まれ
※タイムステージ【7334】
※中心軸（リング数）【9・6・5】

中心軸（リング数）:『9』の影響が大。粘り強く物に動じず冷静沈着、寛容といった性質が形成されていきます。喜怒哀楽の感情をあまり表に出さず、非常に気位が高く、ややもすると見栄っ張りになりかねません。

そして他人に愛される徳を自然に備えており、邪気邪心がないため、周りから好かれます。美しいものに人一倍心を惹かれ、派手好みで身を飾り、他人の気を引こうとしがちになります。

じっくり慎重に行動に移すタイプで、即決はせず形勢をよく見極めてから行動していくと見られます。

タイプ別では『物質的タイプ』で、合理的思考、構築的な判断、付き合い上手です。

## 【幼少期の二人】

おおむね1828年から1849年の時代。いまだ日本は旧来の徳川幕藩体制下に置かれていました。しかし、日本沿岸には外国船がたびたび訪れ、海外の状況に詳しい人々は幕藩体制を批判し始め、蛮社の獄（1839年）などの言論弾圧が行われました。変革の兆しが、静かに、確実に訪れています。

この頃、薩摩藩の下級武士階級に二人は生まれました。

**西郷隆盛**

タイムステージは『4』、『5』。家族愛に恵まれ年長者をはじめ、多くの人から愛されます。

平穏な環境ですが、意志が強く、激しく動く。潤滑油的存在でもあり、争いごとを治めてまとめます。

**大久保利通**

タイムステージは『7』。激変の幼少期。家族との離別など波乱に富み、厳しい生活を強いられます。実際に父が遠島になり、貧窮にあえぐのですが、西郷らの仲間の援助で命をつなぎます。

薩摩藩では武士の子弟を教育するために郷中という組織を作っていましたが、1839年、お宮参りの際に、郷中の間で喧嘩となりました。その場に西郷は居合わせ、仲裁に入ったと伝えられています。

かかか刀を抜いたな こんやろ ぶっ殺してやる！ このやっせんぽ
何を！ 偉そうに このがんたれ ずたずたにしたる
やめんか 二人とも！ 刀をおさめろ！
こげんこって傷つけ合ってどげんする
西郷 関係ないものは 黙っとれ
西郷どん かかわりあうな！
大久保
刀を 抜いているよ！
西郷どんも けがをしちゃう

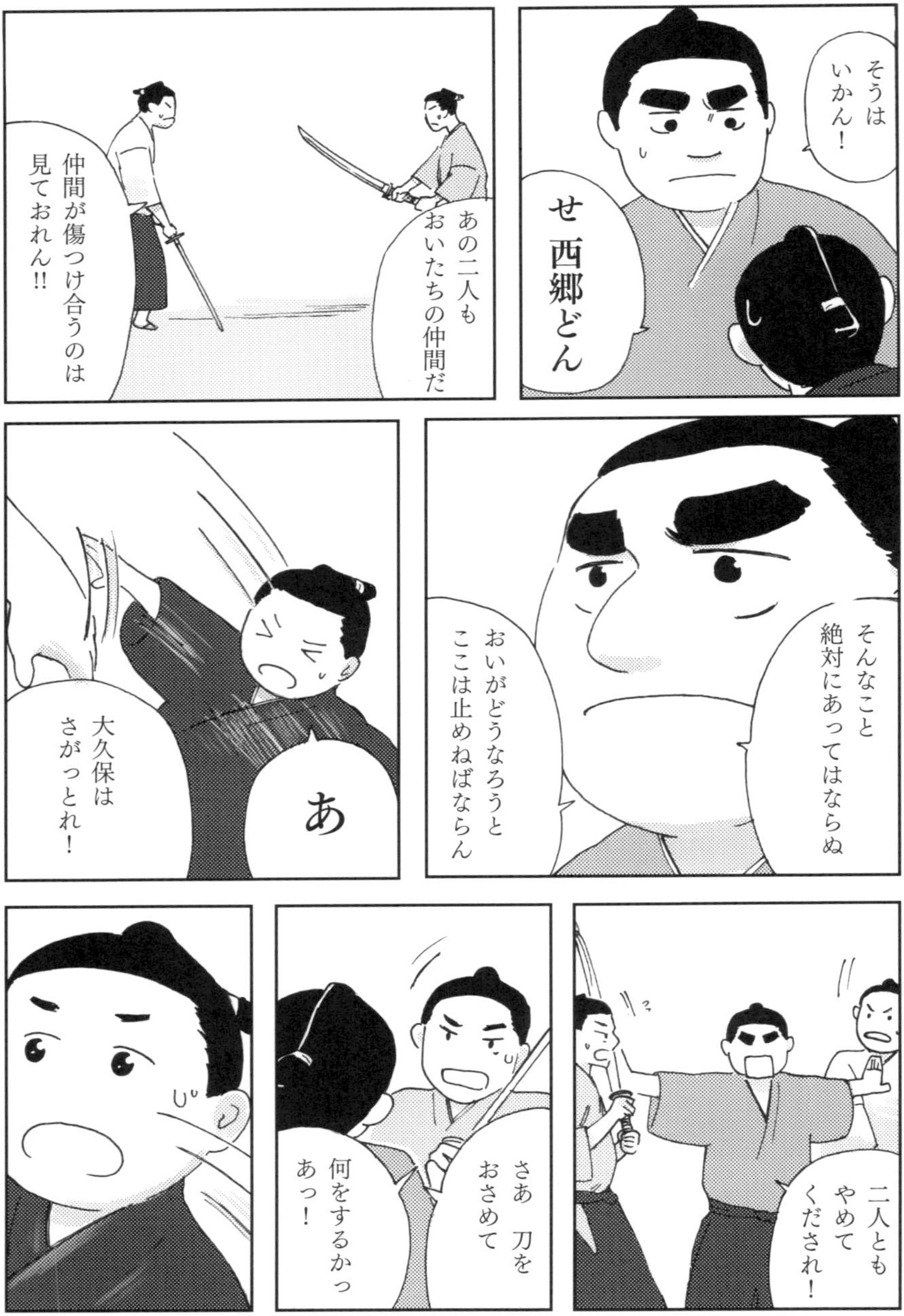
そうはいかん！
せ 西郷どん
あの二人もおいたちの仲間だ
仲間が傷つけ合うのは見ておれん!!
そんなこと絶対にあってはならぬ
おいがどうなろうとここは止めねばならん
あ
大久保はさがっとれ！
二人ともやめてくだされ！
さあ 刀をおさめて
何をするかっあっ！

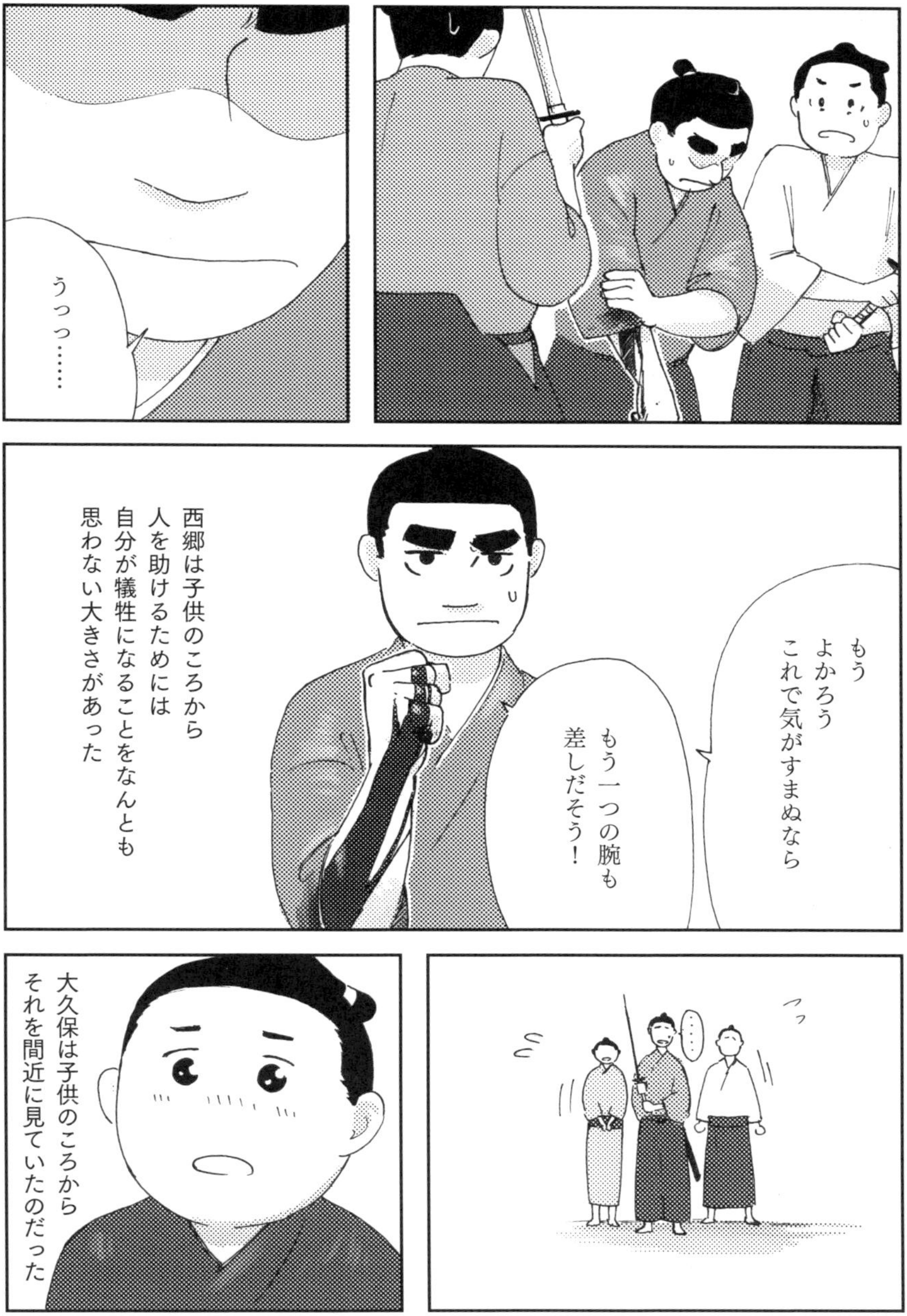

うっっ……
もうよかろうこれで気がすまぬなら
もう一つの腕も差しだそう！
西郷は子供のころから人を助けるためには自分が犠牲になることをなんとも思わない大きさがあった
……
大久保は子供のころからそれを間近に見ていたのだった

## 【中年期の二人】

おおむね1850～1865年

1853年に黒船がやってきます。ついに幕末の混乱の時代に突入します。1858年には幕府大老・井伊直弼による強権体制（安政の大獄）、1863年に薩英戦争、1864年長州征伐と、時代は急速に動き始めます。

西郷隆盛は薩摩藩主の島津斉彬とともに、新しい時代を切り開くために奔走しますが、斉彬の急死、自殺未遂、奄美大島への遠島と、さまざまな波乱の出来事に遭遇します。

一方、大久保利通は斉彬後の実力者・島津久光に起用され、薩摩の権力を手中に収めていきます。

**西郷隆盛**

中年から晩年にかけてのタイムステージの『9』『2』、精神面で修行を重ねますが、さまざまな出会いと別れが待っています。家族との別れでは、自身の力ではどうしようもなく、やむなく離れなければならなくなる、といった環境です。

鑑定の通り、25歳が最初の裏鬼門年で、結婚という出合いがあり、祖父、父、母が相次いで亡くなる別れがあります。

28歳の八方塞がり。この時期は、自分では解決できない困難に出会い、最初の妻と離別させられ、篤姫の輿入れに向けて苦闘しています。

29～30才の新氣運年は、主君・斉彬と密接な関係になり、念願だった篤姫が将軍家定の正室となります。しかし31才には斉彬は急逝。『2』から、縁が変わりやすい性向があり、3度結婚。鑑定上の適切な婚期は、32歳、38歳。実際に一度目は束の間の結婚生活でしたが、二回目の結婚は32歳、三回目の38歳は婚期と合い、自然にとんとん拍子に事が運んだと思われます。

吸収力、適応性、時代の潮目に合わせて価値観を変えていくことができる【強み】により、2回目の離島での幸福な結婚生活も納得できます。この時期に子供をもうけます。離島生活の環境は、かえって自由に伸び伸びでき、貴重な体験となったと思われます。

**大久保利通**

タイムステージの中年から晩年に、連続で『3』が出ています。大望を抱き、屈せず辛抱強く活動しますが、反面、頑固、強情となっていく生き方が鑑定と一致しています。オーラー数の『4』により、一生を通じて直感鋭く、発展向上心で取り組む姿勢がみられます。

中心軸（リング数）『9』を強みとして自ら権力を握るか、権力者を利用するなどにより、冷静でかつ柔軟な対応力で粘り強く生き抜いていきます。実際、島津久光の信頼を得るなど、徐々に認められていきます。

特に他人に屈することを人一倍嫌う性格は、西郷の豊かな包容力とは真逆な性癖です。中年以降二人は見事に政治的な見解に相違が生じていきますが、年を重ねるごとにお互いをリスペクトしあう関係を築いています。

中心軸（リング数）『6』は、特に青年期以降になると、恋に落ち、あれもこれもと、恋多き性向。結婚しても多くの愛人を求めやすくなり、横道にそれてしまいがち。実際、大久保自身、本妻の間に子が5人、外に4人生まれています。しかし家庭内では子煩悩で柔和で優しい面も。

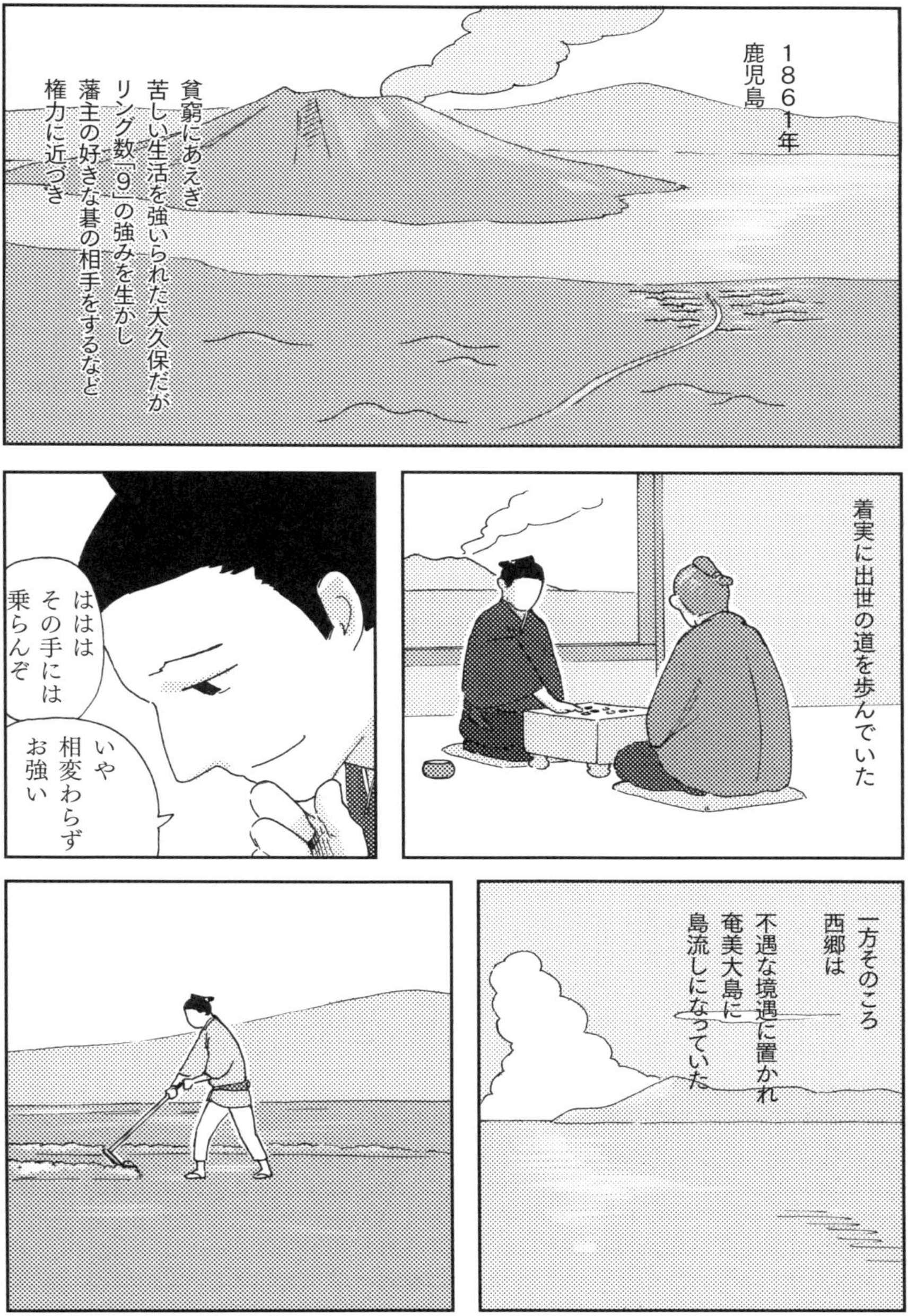
1861年
鹿児島
貧窮にあえぎ
苦しい生活を強いられた大久保だが
リング数「9」の強みを生かし
藩主の好きな碁の相手をするなど
権力に近づき
着実に出世の道を歩んでいた
いや 相変わらず お強い
ははは その手には 乗らんぞ
一方そのころ
西郷は
不遇な境遇に置かれ
奄美大島に
島流しになっていた

あなた
おお
愛加那
大久保どん
一時は砂を噛むように苦しかった
島の暮らしじゃが　最近は
これはこれでよいもんじゃと思っとる
近頃は島のものに請われて
子どもに読み書きを教えたりもする
鹿児島に戻る機会は
なかなか来ないだろう
天が死ぬことを許さなかった命を
今ここでまっとうしようと
思うちょります

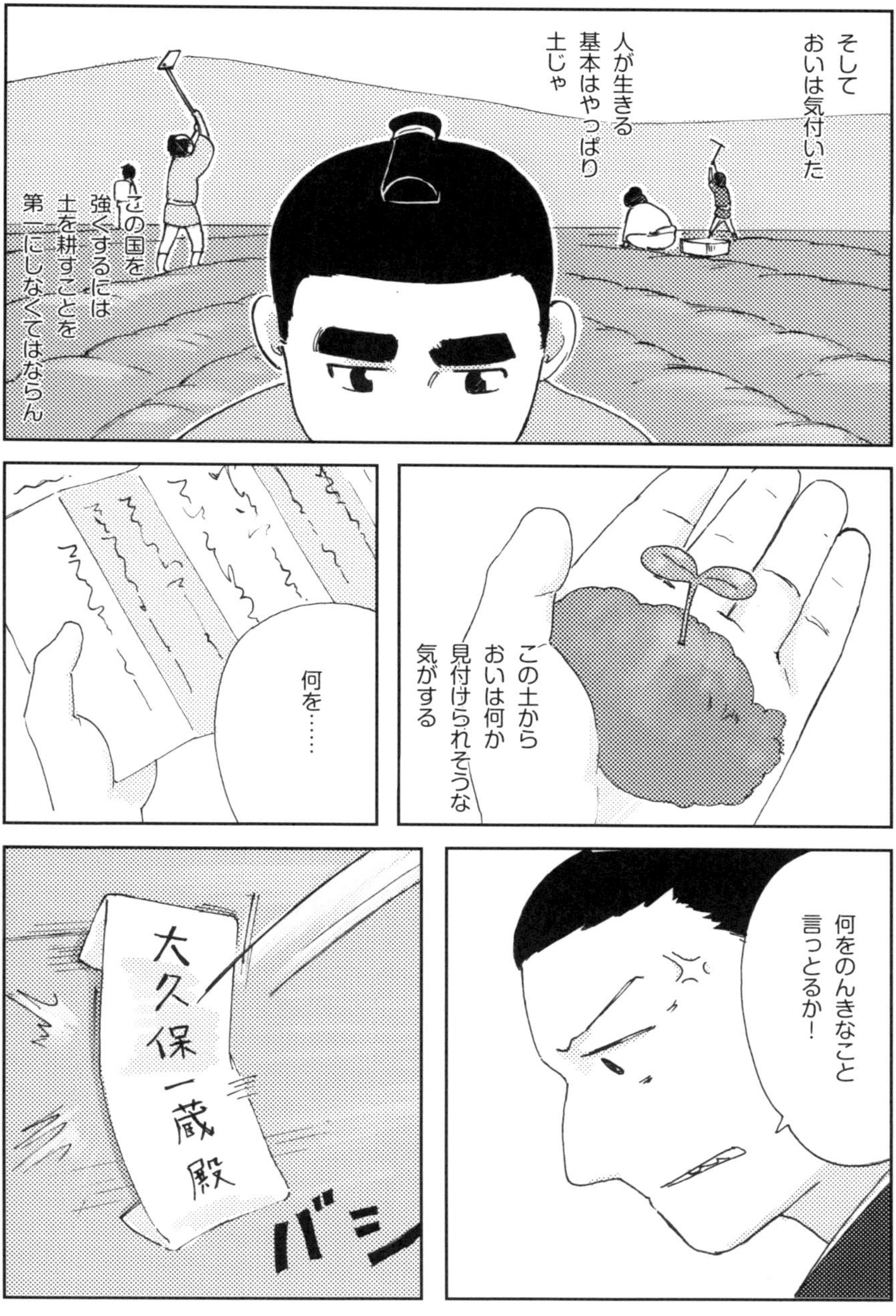
そして
おいは気付いた
人が生きる
基本はやっぱり
土じゃ
この国を
強くするには
土を耕すことを
第一にしなくてはならん
この土から
おいは何か
見付けられそうな
気がする
何を……
何をのんきなこと
言っとるか!
大久保一蔵殿
バシ

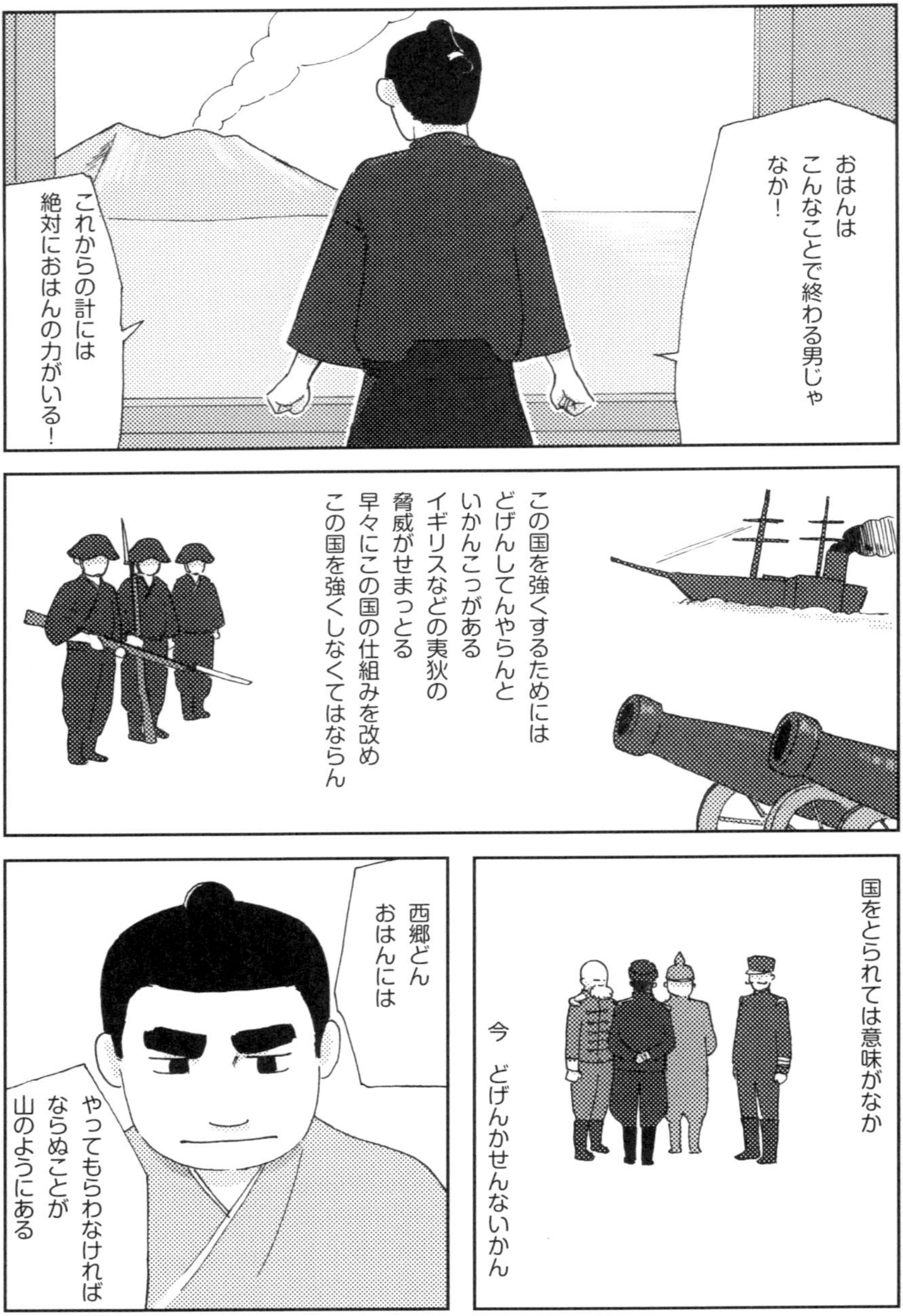
おはんは こんなことで終わる男じゃ なか！
これからの計には 絶対におはんの力がいる！
この国を強くするためには どげんしてんやらんと いかんこっがある イギリスなどの夷狄の 脅威がせまっとる 早々にこの国の仕組みを改め この国を強くしなくてはならん
国をとられては意味がなか
今 どげんかせんないかん
西郷どん おはんには
やってもらわなければ ならぬことが 山のようにある

待っとれ！
おいが
すぐに呼び戻したる！
それまで
けっさるっな
西郷は天に生かされたことによって
損得にとらわれないより大きな人間に成長した
そして徐々に「7」の影響が強くなり
指導者として決断の時を迎える

## 【中年期～晩年期の二人】

おおむね１８６６年から１８６８年

１８６６年薩長同盟が成立し、旧来の幕藩体制は崩壊に向かい、明治の新政権が樹立されます。まさに、時代の画期にあたり、近世は幕を閉じ、近代が始まります。

しかし近代日本は、西郷隆盛と大久保利通という二人の英雄の登場なくして礎を築くことは不可能でした。

**西郷隆盛**

中年『9』『2』から晩年『7』『2』ステージに向けて幕末から明治にかけて二人が動き出していく時期、西郷に徐々に『7』の影響が強まってきます。決断は鉈で断ち割るようになり、思い切りが良く、執着しなくなります。反面、辛抱ができず、気が変わりやすくもなります。

『7』の影響で、組織では頭となります。損得抜きに、部下を愛し、部下を救い、部下を敬う。表面は柔らかく、内心は強気豪胆といった超カリスマ性を発揮していきます。

そして大義のために小異を捨て去ることに躊躇せず、自身の価値観、考え方を人に合わすことが難しくなっていきます。

1868年1月2日、薩摩、長州、土佐の新政府軍と、旧幕府軍との間で、戊辰戦争が勃発しました。新政府軍の勝利により、明治政府が樹立されます。西郷隆盛は1月3日から5日にかけて、鳥羽伏見の戦場を視察しています。

### 大久保利通

中年『3』から晩年『3』ステージに向けて着実に粘り強く成果を上げていきます。

ぐっと堪えて物事に取り組む姿勢が強くみられます。手腕の凄みと統率力の高さは抜け出ており、決断するまで慎重に熟慮するのですが、決断すると頑として押し通していきます。そして、論理的な説得力にますます磨きがかかってきます。

実際この時期は果断な行動をとる西郷と、穏健で粘り強い大久保は、外交の西郷、内政の大久保というように専門分野がハッキリ分かれてきます。西郷の包容力と大久保の優れた状況判断力が、両輪となって討幕を推し進めていきます。対照的な二人ですが、指導者としての資質を備えていることは共通しています。正反対だからこそ、大久保は西郷の気質の際どさを知っていて、危惧していたのでは。

二人の活躍により、徳川幕府は瓦解し、維新の改革が次々と断行されていきます。

1866年、幕府の戦力が弱体であることが公になり、倒幕運動に拍車がかかる第2次長州征伐で、大久保利通は各藩の大名の動静を注視し調整しました。また1867年10月14日、公家の岩倉具視らとともに、天皇より徳川慶喜討伐の詔書を秘密裏に引き出しました。

## 【最終章】

おおむね1869から1878年

明治新政権の下で、数々の改革が行われますが、二人が致命的な対立に陥ったのは征韓論です。1873年、明治政府は朝鮮と修好条約を締結するため、外務官僚を派遣しましたが、朝鮮は今までの礼をふまえた交渉ではないとこれを拒否しました。この回答に、板垣退助は武力をもって、締結を迫るべきだと主張しましたが、西郷は「軍隊を派遣すれば、朝鮮は日本が侵略してきたと考え、要らぬ危惧を与える恐れがありもす。今まで朝鮮と交渉してきたのは外務省の卑官ばかりでごわした。そんため、朝鮮側も地方官吏にしか対応させなかったのではごわはんか。ここはまず、軍隊を派遣することは止め、位も高く、責任ある全権大使を朝鮮に派遣し、公明正大に朝鮮政府を説くことが一番の良策であると思いもす」

と語り、兵を率いることなく、烏帽子、直垂を着用し、礼を厚く、威儀を正して西郷自らが赴くと主張し、政府はこれを結論としました。

しかし、天皇が決裁する際、上奏する立場にあった岩倉具視は、この結論とともに密かに自らの反対論をも上奏しました。上奏者自ら反対の立場を表明しているため、天皇は西郷派遣を却下。決裁後、岩倉は、西郷が天皇と会えぬように画策します。

この岩倉の姑息なやり方に、西郷は嫌気がさし、辞表を提出しました。

一切の私利私欲を捨て清廉誠実を旨としていた西郷は
岩倉の姑息なやり方を許すことができなかった
明治天皇に直接説明する機会も岩倉の策謀によってつぶされてしまった
おいは天の命を敬い この国を嘘偽りのない国に作り直そうと幕府を倒したんだ！
そのためにこの体 命を投げうった！
ドン
これでは何も変わっておらぬではなかか！
大久保さん！
西郷どん！

聞いたど
辞めて薩摩に
帰るっちゅうて！
なぜ
なぜ
辞める！
まだおはんには
やってもらわねばならぬ
ことが山ほどある
こげんがこって
志を捨てるなど
やっせん
敬天愛人
今は耐えて
機を待て
必ずまた機会は
やってくる
いや
ここはもうおいの
いるとこじゃなか

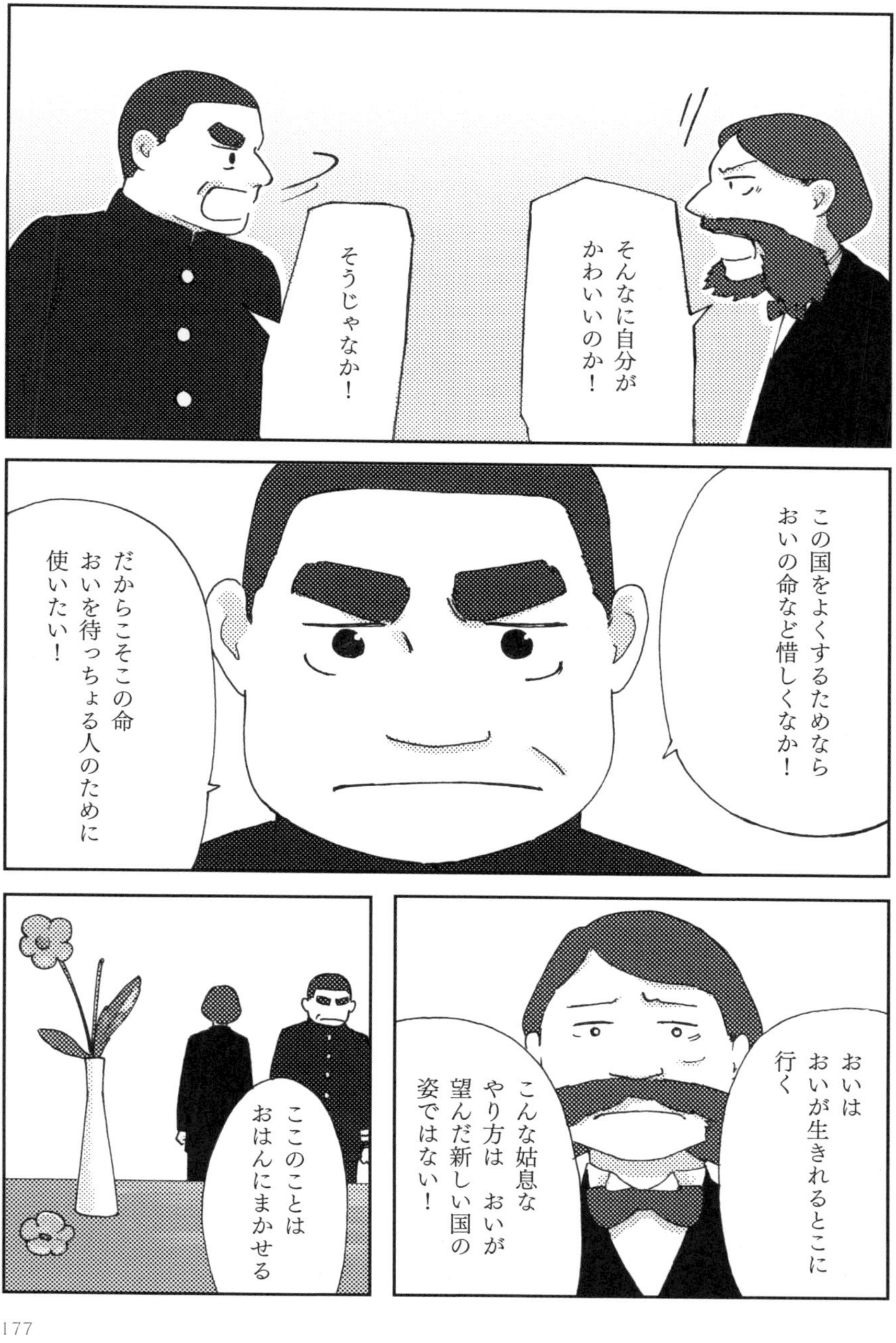
そんなに自分がかわいいのか！
そうじゃなか！
この国をよくするためならおいの命など惜しくなか！
だからこそこの命おいを待っちょる人のために使いたい！
おいはおいが生きれるとこに行く
こんな姑息なやり方は　おいが望んだ新しい国の姿ではない！
ここのことはおはんにまかせる

西郷様
どうかお達者で
ゆるせ
大久保
おいは
こういう生き方しか
できん

西郷どん……
おはんは昔からまっすぐ過ぎる……
まっすぐ生きるだけじゃ新しい国はつくれんのに！
ガラララ

## 【最終章の二人】

西郷は42歳より本厄年で運氣が低迷しつつ、不安定な時期に入っていきます。そして1873年、西郷は46歳の八方塞がり期、大久保は43歳の後厄年裏鬼門年、両者の運氣が低迷ドツボの時期が重なります。通常はこの時期は、じっと我慢で次に向けての計画事を密にする年回りにすべきですが、なんと！　皮肉にもピンポイントで「征韓論」をめぐる事件が勃発。

西郷は敗れて職を辞し鹿児島へ帰っていきます。お互いの方向性の違いが浮き彫りになりました。大久保も西郷の気質を理解しているため、自身の政策を貫き通すことが、西郷の信念、生き様をも否定することになると考え、直接対決は避けていきます。一方西郷は自身の気質そのままに、ズバッと辞表！　微妙な行き違いが深刻なすれ違いとなりますが、実は西郷も大久保の気持ちは重々分かっていたのではないでしょうか？

その後西郷は翌年47歳、因果玉の整理の年といった新氣運年に入り、前年まで伏せていた諸々が一気に噴出し、整理整頓され、新たに勢いづく年回りに入っていきます。鹿児島に私学校を設立、早々にカリスマ性を発揮していき、故郷の若者たちが集まってきます。

この時期の西郷は、晩年の『7』『2』の影響が大きいです。特に『7』は心相として、あまりにも決断力があるので、賢すぎて事故を起こし失敗する恐れがあり、そしてケジメをはっきり付けるので、短気で気が勝ります。その場で決着を付けるということは長所であり欠点でもあります。今までの苦労を無にしても、相手と決別し、放り出しやすい性質です。

そして1877年、西郷50歳は新氣運年。運氣上昇の新しい氣が入って来て、薩摩の若者のカリスマとなりますが、この若者たちの勢い、暴発は止めきれなかったのです。

『7』そのものの流れのまま、西郷は即決し、責任を一人で追って自死します。斉彬亡き後、西郷の気性を理解し得たのは、大久保ただ一人であったのでは。

最後まで、刎頸の友であるがゆえ、お互いの信念を貫き、リスペクトし合ったのではないでしょうか。その翌年、大久保も後を追うようにこの世を去っていきます。

**神綾鑑定術は二人の生涯に脈打つ氣の流れを宇宙数で表し、その流れを克明に追体験していくことを可能にします。しかし、二人の生涯が悲劇なのか、喜劇なのか、あるいは二人の死が不可避なのか、善なのか悪なのかといった判断は留保されます。**

**人の生死を「評価」することはこの鑑定のなすべきことではありません。**

**それはただ、そのように定められていた、と言えるだけなのです。**

# お客様の声

**Noriko.U　東京都**

神綾鑑定では大きな流れから、極めて詳細な事までみて頂けるとの事です。

今回は、私の今年の流れと、私の基本性質をみて頂きました。

基本性質の方では、自分では自覚していない性質を指摘、そこを活かしていくと良いね、と。

実際、今構想している事を実行するには、そこが必要な性質だと思っていたところでしたのでびっくりしました。深く納得し、そして背中を押して貰った感じです。

勇気、やる気、元気を頂きました。

次回はもっと細かい部分の鑑定をお願いしたいと思っています。

有難うございました。

**Momoyo Usami　静岡県**

私は新車の購入時期や運のいいプレートナンバーを始め、職場との関係、また何かしらの事を始めるのにベストな時期など、自分の中でのターニングポイントには、決まって藪さんに鑑定してもらっています。

また毎年、新年を迎える前に注意すべき点も含み総合的な運氣をみてもらったりもしています。

藪さんの鑑定は生年月日と鑑定開始のまさにその時間から成されるものなので、鑑定してもらいたいという思いはとても大切で、自分自身が思ったその時がチャンスだと毎回感じます。

表も裏もズバッと当てられ驚くこともありますが、鑑定後には【自分らしくリセット】できるせいか、自信もつき、自分なりの答えを見つけています。

今までも、またこれからも私はこうしてターニングポイントを乗り越えていこうと思っていますし、藪さんとの出会いにとても感謝しています。

**甲斐ナオミ様　神奈川県**

懇親会で神の鑑定「神綾鑑定術師」藪みずきさんのミニ鑑定を受けました。

私は元々、気分を占いで左右されるのが嫌なので、占い関係はなるべく見ない、聞かないようにしていましたが、昨日は折角なので受けてみましたら。もう全てが的中して、正直驚きました。

私の表だけではなく裏までが分かってしまうというびっくりの結果。ありがちな漠然として誰にでも当てはまるような結果ではなく、本当に、なるほどー！と自分で納得するような結果でした。しかも生年月日だけではなく鑑定の時間まで取り入れるというまた不思議な方法で、藪さんが計算している間はなんとも言えないドキドキワクワクの空気感があり、本当に素晴らしい鑑定でした。藪さん、ありがとうございます！藪さんは出版をして幅広く活躍する姿が普通にイメージできます♪応援してます。

**清水優希様　三重県**

占いってもの自体信じてない…と言うよりはそういうのをやってしまうとその先まで影響されてしまうような気がしてですが、鑑定してもらってる様子を見ていると占いって感じはなくて非常に説得力のある鑑定方法でした。鑑定しているまさにその時の時間を反映しているところがまた説得力を高めていました。鑑定してもらってる方の性格や健康面、旦那さんの性格など予想も出来ないとを見事に百発百中で当てるという驚異の的中率でした。

もちろん私も鑑定は見事に当たりました。色んな意味当たりました。

**花咲美樹様　東京都**

今回は初回ミニ鑑定ということで鑑定していただきました。

想像していたよりもしっかりと、具体的にアドバイスがいただけて満足してます。本当にありがとうございました。私は過去に占いで鑑定していただいたことは、10年くらい前に1度あります。

その時は、一方的に将来について占い師の方からお話を聞いたような記憶があります。今回、薮さんからは、「具体的に質問したい事について質問して」とのことだったので、この先の未来について知りたい事について3つ質問させていただいたところきちんとレポート形式の鑑定書で、具体的なアドバイスがいただけました！

それを読んで、やる気が出ました！

こちらからは漠然とした抽象的な感じでしたか質問していないのに、その意図を読み込んでいただき具体的なアドバイス。

実際に行動を実行すべきタイミング（年）、注意点等を教えていただけました。

今後の参考にして動きたいと思います。

方向性について迷った時に、相談する相手として、薮さんのような方がいるのは良いことだと思います。

迷っている方には、お勧めしたいです。薮さん、これからも宜しくお願いします。

**杉山信子様　50代　神奈川県**

仕事に行き詰まり、職場の人間関係に行き詰まり、その時たまたま　ご縁があって鑑定をお願いしました。

さらさらと数字を書き出し計算されて出て鑑定結果は、私を取り巻く人柄をどんぴしゃ！　と当てられました！

そして鑑定していただく中で、私が行き詰まりを感じていた事柄が、自分の思い込みや思い違いであることに気付き、肩から力が抜けていきました。

また、自分の今後の方向性についても、一時的な感情に任せたものではなく、より、現実的で夢の実現を兼ねたものが見つかりました。

そして鑑定していただく中で　鑑定してくださるみずきさんが、どんな事も受け止めて下さるので 心を裸にして安心してお話する事が出来ました。

感謝してます。

ありがとうございました！

**薫様　女性　神奈川県**

以前もそうでしたが、今回も再び自分のコアにある思いを炙り出してもらえたようでスッキリ！　しました。

私は元々あまり迷わない質なので占いや鑑定にはご縁がなかったのですが、二年前の人生の中でも大きめな転換期に薮さんのメッセージを受けたことで自分の中で決めて動いて行く時のエンジンによりパワーが宿ったような気がします。やはり、自ら感じ考えて決めたことであってもなんらかの確認や状況整理を周囲の人たちではない信頼できる第三者にしてもらうことは有効だなぁ、と思いました。

またこれからの人生の折々に鑑定メッセージをお願いします！

**Y・Nさま　50代　女性　香川県**

人生は選択の連続。
どっちの道に行けばいいのか、迷って悩んでどうしても決められない時、こっちがいいよって、そっと背中を押してくれたら…。

もちろん選ぶのは自分自身。
でもその時置かれている状況や性格まで読み解く神綾鑑定術の『数字の力』には圧倒されるし、心強い道しるべになります！

**A．みゆき様　50代　女性　愛知県**

独立して1年8ヶ月経ち、今までは何とか順調にきてましたが、この先の事が不安になり、仕事運を占ってもらいました。

今までの私は、何事も消極的でここ、2．3ヶ月は表に出る事も億劫になってました。

占ってもらったところ、このまま何もしないと仕事が0（無し）の方向に向かう状況と言われ、そうだ！他力本願では何も進まないので、何事に対しても積極的にいこうと前向きになれました！

今までの私は、そもそも人の後ろについていく人だと思ってましたが、そうではなく、自分の『強み』は引っ張っていくタイプだと言われました。

これからは、一人で仕事をしているので、出来ないとか無理とか言わず、何事も勉強と思って挑戦していきたいと思ってます！

今まで自分に対して思っていた『自分のイメージ』が少し違っていてあらためて自分の本当の『強み』が分かりました。

『強み』ってなかなか自分では分かりにくいものですね。

占ってもらって、気持ちが軽くなり良かったです！

**西村しのぶ様　30代　東京都**

先日、関西で人気の薮先生に、神綾鑑定術で、鑑定していただきました。

神綾鑑定術は、日本で数人しか出来る方がいないという易学の一つで、質問した時間も合わせてみて下さる鑑定でした。

うまく説明できないけど・・・

細かくアドバイスしていただけるのが、他の鑑定との違いだなって思いました。

わたしは、仕事面で見ていただいたのですが、はっきり言ってくださるので、分かりやすくて、計画立てやすいなって思いました。

今までに見たことない手法の鑑定だったので、とても面白かったです！

薮先生、これから東京でも定期的に鑑定されるそうなので、予約がいっぱいになる前に早めに見ていただく事とおススメします！！

| 1842 ~ | | 1862 ~ | | 1882 ~ | |
|---|---|---|---|---|---|
| 1842 | 9314 | 1862 | 9944 | 1882 | 9628 |
| 1843 | 0459 | 1863 | 0977 | 1883 | 0764 |
| 1844 | 1541 | 1864 | 1225 | 1884 | 1732 |
| 1845 | 2575 | 1865 | 2362 | 1885 | 2889 |
| 1846 | 3622 | 1866 | 3339 | 1886 | 3993 |
| 1847 | 4768 | 1867 | 4487 | 1887 | 4915 |
| 1848 | 5736 | 1868 | 5590 | 1888 | 5253 |
| 1849 | 6884 | 1869 | 6513 | 1889 | 6344 |
| 1850 | 7997 | 1870 | 7659 | 1890 | 7378 |
| 1851 | 8919 | 1871 | 8740 | 1891 | 8425 |
| 1852 | 9257 | 1872 | 9775 | 1892 | 9562 |
| 1853 | 0347 | 1873 | 0821 | 1893 | 0538 |
| 1854 | 1372 | 1874 | 1967 | 1894 | 1686 |
| 1855 | 2428 | 1875 | 2935 | 1895 | 2799 |
| 1856 | 3565 | 1876 | 3284 | 1896 | 3712 |
| 1857 | 4533 | 1877 | 4397 | 1897 | 4858 |
| 1858 | 5680 | 1878 | 5319 | 1898 | 5949 |
| 1859 | 6794 | 1879 | 6456 | 1899 | 6974 |
| 1860 | 7716 | 1880 | 7547 | 1900 | 7222 |
| 1861 | 8853 | 1881 | 8572 | 1901 | 8368 |

年代表：タイムステージ

| 1782～ | | 1802～ | | 1822～ | |
|---|---|---|---|---|---|
| 1782 | 9370 | 1802 | 9966 | 1822 | 9685 |
| 1783 | 0426 | 1803 | 0933 | 1823 | 0797 |
| 1784 | 1563 | 1804 | 1282 | 1824 | 1719 |
| 1785 | 2531 | 1805 | 2395 | 1825 | 2856 |
| 1786 | 3688 | 1806 | 3317 | 1826 | 3947 |
| 1787 | 4792 | 1807 | 4454 | 1827 | 4972 |
| 1788 | 5714 | 1808 | 5545 | 1828 | 5229 |
| 1789 | 6850 | 1809 | 6579 | 1829 | 6366 |
| 1790 | 7942 | 1810 | 7626 | 1830 | 7334 |
| 1791 | 8976 | 1811 | 8763 | 1831 | 8482 |
| 1792 | 9224 | 1812 | 9730 | 1832 | 9595 |
| 1793 | 0369 | 1813 | 0887 | 1833 | 0516 |
| 1794 | 1337 | 1814 | 1990 | 1834 | 1653 |
| 1795 | 2485 | 1815 | 2913 | 1835 | 2744 |
| 1796 | 3598 | 1816 | 3251 | 1836 | 3778 |
| 1797 | 4511 | 1817 | 4342 | 1837 | 4825 |
| 1798 | 5657 | 1818 | 5376 | 1838 | 5962 |
| 1799 | 6748 | 1819 | 6423 | 1839 | 6939 |
| 1800 | 7773 | 1820 | 7569 | 1840 | 7288 |
| 1801 | 8829 | 1821 | 8537 | 1841 | 8392 |

| 1962 ~ | | 1982 ~ | | 2002 ~ | |
|---|---|---|---|---|---|
| 1962 | 9370 | 1982 | 9966 | 2002 | 9685 |
| 1963 | 0426 | 1983 | 0933 | 2003 | 0797 |
| 1964 | 1563 | 1984 | 1282 | 2004 | 1719 |
| 1965 | 2351 | 1985 | 2395 | 2005 | 2856 |
| 1966 | 3688 | 1986 | 3317 | 2006 | 3947 |
| 1967 | 4792 | 1987 | 4454 | 2007 | 4972 |
| 1968 | 5714 | 1988 | 5545 | 2008 | 5229 |
| 1969 | 6850 | 1989 | 6579 | 2009 | 6366 |
| 1970 | 7942 | 1990 | 7626 | 2010 | 7334 |
| 1971 | 8976 | 1991 | 8763 | 2011 | 8482 |
| 1972 | 9224 | 1992 | 9730 | 2012 | 9595 |
| 1973 | 0369 | 1993 | 0887 | 2013 | 0516 |
| 1974 | 1337 | 1994 | 1990 | 2014 | 1653 |
| 1975 | 2485 | 1995 | 2913 | 2015 | 2744 |
| 1976 | 3598 | 1996 | 3251 | 2016 | 3778 |
| 1977 | 4511 | 1997 | 4342 | 2017 | 4825 |
| 1978 | 5657 | 1998 | 5376 | 2018 | 5962 |
| 1979 | 6748 | 1999 | 6423 | 2019 | 6939 |
| 1980 | 7773 | 2000 | 7569 | 2020 | 7288 |
| 1981 | 8829 | 2001 | 8537 | 2021 | 8392 |

年代表：タイムステージ

| 1902 〜 | | 1922 〜 | | 1942 〜 | |
|---|---|---|---|---|---|
| 1902 | **9336** | 1922 | **9999** | 1942 | **9652** |
| 1903 | **0483** | 1923 | **0911** | 1943 | **0742** |
| 1904 | **1596** | 1924 | **1258** | 1944 | **1776** |
| 1905 | **2518** | 1925 | **2349** | 1945 | **2823** |
| 1906 | **3655** | 1926 | **3374** | 1946 | **3969** |
| 1907 | **4746** | 1927 | **4421** | 1947 | **4937** |
| 1908 | **5770** | 1928 | **5567** | 1948 | **5286** |
| 1909 | **6827** | 1929 | **6535** | 1949 | **6399** |
| 1910 | **7964** | 1930 | **7683** | 1950 | **7312** |
| 1911 | **8932** | 1931 | **8796** | 1951 | **8458** |
| 1912 | **9280** | 1932 | **9718** | 1952 | **9549** |
| 1913 | **0393** | 1933 | **0854** | 1953 | **0573** |
| 1914 | **1315** | 1934 | **1945** | 1954 | **1629** |
| 1915 | **2452** | 1935 | **2979** | 1955 | **2766** |
| 1916 | **3543** | 1936 | **3227** | 1956 | **3734** |
| 1917 | **4577** | 1937 | **4364** | 1957 | **4882** |
| 1918 | **5624** | 1938 | **5332** | 1958 | **5995** |
| 1919 | **6760** | 1939 | **6489** | 1959 | **6917** |
| 1920 | **7738** | 1940 | **7593** | 1960 | **7255** |
| 1921 | **8886** | 1941 | **8515** | 1961 | **8346** |

## あとがき

今日は『新月』です。きっと記念すべき日になることでしょう！

この本をお手に取っていただき、ありがとうございます。きっとご縁があったのでしょう。または、何かしらの引き寄せ？　かもしれませんよね。

今回、この占術の詳細を改めてアウトプットしながら、いろいろと気付きがありました。というか、なかなか前に進まなかったのも事実です。

何故なら伝承という形で教わったことを、いざ文章という形でまとめていく作業は、私にとっては試練そのものでした。（ちょっと大げさかな？）

昔ながらの、今はあまり使われていない表現で教わったところもあり、一言一言をかみ砕きながら少しでも分かりやすい表現でと思いめぐらしました。

と、同時に三〇年前の私にタイムスリップした感じでもあります。わくわく感と、ドキドキ感。

その当時はよく「体験納得」ということもやっていました。それはどういうことかと申しますと、たとえばマイナス要素の回答に対して、あえて体験してみるということ。結果、「なるほど、こういうことだったのね！」っと、納得する。反抗期？　ありえない？でも自分では納得！　これは、私の性格でもあります。（良い意味で慎重派、しかしちょっとひねくれ者かしら？）

あと、もうすでにこの世に存在していない方の鑑定。しかも幕末時代の方々。これは、ちょっとどころかハマってしまいました。奥が深い！　これこそタイムスリップしてしまいました。今はいないけど、そっと寄り添って鑑定している感じになったりして。目の前にいるような感じ。ハグなんかしたりして。たまにニヤニヤしながら。鹿児島弁で呟いたりしてしまいました。

したがって、今回のこの執筆を振り返れば、半分は楽しみながら筆を執っていて、私の人生にとっても貴重な経験となりました。


そして、第三章の中にコメントさせていただいている『運命とは、偶然でなく必然である。運命とは性格（心の持ち方）の中にある』

やはり、これに尽きると思います。

自分の天命を活用できぬ人は、その活用せぬ為に泣くと。

その天命とは、ミッション、お役目という意味ですよね。

タイムステージという人生の舞台で、あなたという中心軸をもって今を生きるということは、未知なる自分を知ること、はたまた、自分の将来をも予言すること。

それは今世でのミッションを見いだし、または思い出し、あなたが持つ信念、人生での目的へとつながっていくのです。

最後に、出版にあたり、みらいパブリッシング、ポエムピースの皆様、イラストの相澤さん、関わってくださったさまざまな方々から応援、アドバイス諸々いただきました。

そして天国で見守ってくれている師匠、

さらにさらに最後まで読んでくださったあなた、

この場をおかりして心から感謝申し上げます。ありがとうございました。

この出会いがあなたにとって、『一期一会の本』になれば幸いです。

新月の日に　薮みずき

## 薮 みずき（やぶ　みずき）

日本に数人しかいない『幻の占術』伝承者の一人。

今、この瞬間の時間と生年月日から読み解く鑑定術師。


香川県高松市出身　神戸市在住。

服飾アパレル業界の職に就き、初めての海外出張にて中国汕頭村近郊で偶然出会った占い師の老爺に初対面鑑定を受ける。以後目に見えない精神世界の、さまざまな易、スピリチャル系等々を学ぶ日々を送る。

その後、偶然とも必然のご縁で「神綾鑑定術」の対面鑑定を受け、その高度な鑑定占術に衝撃を受け魅了され入門。

平成元年から鑑定術師となり、独自の鑑定論を確立。

現在は、出会った方々が抱える様々なライフヒストリーの問題や悩み、仕事、結婚、子育て、介護、独立起業関係等に鑑定を媒体としてエールを送り続けている。

◆神綾鑑定術　ホームページはこちら
※お問い合わせ等はホームページお申込みページからご連絡ください。
ＰＣはこちら⇒ URL　http://shinryou.jwbba.org
スマートフォンはこちらから

◆メルマガ登録
PC はこちらから⇒ URL　http://bit.ly/2faSMuA
スマートフォンはこちらから

◆薮みずきのフェイスブックページ
https://www.facebook.com/mizukisinryou

# 人生《じんせい》を好転《こうてん》させる神綾鑑定術《しんりょうかんていじゅつ》
## すべては「数字《すうじ》」で決《き》められている

2018年6月27日　初版第1刷

著者　薮みずき

発行人　松﨑義行
発行　みらいパブリッシング
東京都杉並区高円寺南4-26-5 YSビル3F 〒166-0003
TEL03-5913-8611　FAX03-5913-8011
http://miraipub.jp　E-mail : info@miraipub.jp
発売　星雲社
東京都文京区水道1-3-30 〒112-0005
TEL03-3868-3275　FAX03-3868-6588
企画協力　Jディスカヴァー
印刷・製本　株式会社上野印刷所

ISBN978-4-434-24841-2　C0076